東海道新幹線沿線の不思議と謎

栗原 景
Kageri Kurihara

JIPPI Compact
実業之日本社

はじめに　～東海道新幹線沿線は「不思議」と「謎」の宝庫

東京～新大阪間515・4キロを2時間22分で結ぶ東海道新幹線。1日最大47万人の乗客を運ぶ、日本の大動脈だ。古来、日本の中心として栄えてきた東名阪を結ぶ路線だけあって、その沿線には「不思議」や「謎」がたくさんある。

そもそも、東海道新幹線自体に謎がある。現在の新幹線の建設構想が生まれたのは、1957（昭和32）年。それからわずか7年後の1964（昭和39）年には、時速200キロ以上で営業運転を行う世界初の高速鉄道として、全区間が開業した。現代にあてはめると、本書が発売された2020（令和2）年から7年前は2013（平成25）年。感覚は人によって異なるが、それほど昔という気はしない。この短い期間で東海道新幹線を完成させるためには、さまざまな創意工夫と幸運があった。その一部は、現在運行されている東海道新幹線の「ルート」に隠されている。

沿線に、さまざまな歴史と文化が横たわっているのも、東海道ならではの特徴だ。静岡県は、どうして「いつまでも終わらない」といわれるほど東西に長いのか。新横浜駅の風景が、駅の北側と南側で全く異なるのはなぜか。どうして、冬になると関ケ原だけ大雪になるのか。

筆者は、東海道新幹線を乗客として利用しながら、車窓と沿線の文化を10年以上にわたって観察してきた。鉄道は、いつ、どんな時でも全く同じ場所を通過する。車窓風景は、普通に眺めているといつも同じように見えるが、じっくり観察すると、変わっていくもの、変わらないものが見えてくる。ビジネスライクで旅情がないなどといわれる東海道新幹線だが、実際には自然、歴史、企業文化など沿線の文化は実に多様だ。

本書では、新幹線を利用する人が、読んで楽しめる、東海道新幹線の旅がもっと面白くなる不思議と謎を選りすぐって紹介している。東海道新幹線を運行するＪＲ東海とジェイアール東海パッセンジャーズにも取材を実施し、運転士や車掌、パーサーがどんなことを考えながら列車を運行しているのか話を聞くことができた。本書を読めば、「ビジネスライク」な東海道新幹線の旅が、ぐっと面白くなるはずだ。

２０２０年１月

栗原 景

目次

第1章

東海道新幹線ルートのひみつ

第２章 東海道新幹線と鉄道の謎

第３章 東海道新幹線　車窓の不思議

第4章
新幹線をもっと楽しむ雑学

第5章 知らなかった！ 各駅の謎

装丁…杉本欣右
本文デザイン&DTP…Lush!
編集・図版作成…磯部祥行（実業之日本社）

※本書記載の東海道新幹線の各種距離は断らない限り実キロを記載しています

〈主な参考文献〉

東海道新幹線工事誌 土木編（日本国有鉄道東海道新幹線支社編）1965年
東海道新幹線工事誌 一般編（日本国有鉄道東京幹線工事局編）1965年
東海道新幹線工事誌（東京工事局編）1967年
東海道新幹線工事誌（静岡幹線工事局編）1965年
東海道新幹線工事誌（名古屋幹線工事局編）1965年
東海道新幹線工事誌（大阪第二工事局編）1965年
建設者（1964年9月号臨時増刊）東海道新幹線（山海堂）1964年
証言記録国鉄新幹線（柳井潔/新人物往来社）1985年
弾丸列車計画（地田信也/成山堂書店）2014年
新幹線開発物語（角本良平/中央公論新社）2014年
アサヒグラフ臨時増刊東海道新幹線開業50周年「完全」復刻（朝日新聞出版）2014年
東海道新幹線1964～夢の超特急誕生前夜～（交通新聞社）2014年
新幹線50年の時刻表上巻・下巻（交通新聞社）2014年
新幹線をゆく（イカロス出版）2011年
日本鉄道名所4勾配・曲線の旅　東海道線（宮脇俊三、原田勝正編/小学館）1986年
世界最速「車窓案内」（今尾恵介/新潮社）2014年
東海道新幹線歴史散歩（一坂太郎/中央公論新社）2007年
東海道新幹線（須田寛/JTBパブリッシング）2000年
東海道新幹線Ⅱ改訂新版（須田寛/JTBパブリッシング）2010年
新幹線を運転する（早田森/メディアファクトリー）2011年
証言日本国有鉄道 04東海道新幹線1962－1987（イカロス出版）2014年
レイルNo.64 東海道新幹線・鴨宮モデル線区を顧みる（プレスアインゼンバーン）2008年
図説新幹線全史（学研）2004年
図説新幹線全史2（学研）2005年
時刻表が刻んだあの瞬間－JR30年の軌跡（JTBパブリッシング）2017年
【図説】日本の鉄道特別編成全駅全車両基地 全国新幹線ライン（川島令三 / 講談社）2016 年
宿命の対決 静岡VS浜松　2都ライバル物語（池田光史、清水量介、鈴木崇久/ダイヤモンド社）2018年
「夢の超特急」誕生（江頭誠 / 交通新聞社）2015 年
しずおかトンネル物語～ニッポンの大動脈をつらぬけ!～（創碧社編/公益財団法人静岡県文化財団）2019年
鉄道のテクノロジー 最新新幹線技術のすべて（三栄書房）2019年
東海道新幹線50年の軌跡（須田寛、福原俊一/JTBパブリッシング）2014年
新幹線の歴史（佐藤信之/中公新書）2015年
時刻表でたどる新幹線発達史（寺本光照/JTBパブリッシング）2013年
国鉄・JR列車名大事典（寺本光照/中央書院）2001年
最速への挑戦 新幹線N700系開発（読売新聞大阪本社編/東方出版）2006年
駿遠線物語～巨大軽便の横顔～（中村修/夢現出版）2005年
軽便の思い出 日本一の軽便鉄道・静岡鉄道駿遠線（阿形昭/静岡新聞社）2005年
歴史に残す静岡鉄道駿遠線 日本一の軽便鉄道（阿形昭/静岡新聞社）2015年
静かさを返せ！物語・新幹線公害訴訟（名古屋新幹線公害訴訟弁護団/風媒社）1996年
掛川城の挑戦（榛村純一、若林淳之）1995年
清洲学講座テキスト（清須市）2017年
国鉄監修交通公社時刻表/JTB時刻表各号（日本交通公社/JTBパブリッシング）

第1章

東海道新幹線 ルートのひみつ

東海道新幹線の突貫工事を可能にした戦前の「弾丸列車計画」

東海道新幹線の線路幅は、在来線の１０６７ミリ（狭軌）よりも広い、１４３５ミリ。世界で最も多くの鉄道が採用している規格で、かつては広軌、今日では標準軌と呼ばれている。線路の幅が広い分、車両を大型化でき、安定性も増すので速度を向上できる。16両編成１３２３席の列車を最高時速２８５キロで走らせるには、標準軌は不可欠だ。

東海道新幹線が標準軌を採用した第一の理由は、もちろん高速走行と輸送力増強を実現するためだが、時代をさかのぼると、その背景にはもう一つ要因があった。

それは、ユーラシア大陸の鉄道との規格共通化だ。

東海道新幹線のルーツは、戦前の「弾丸列車計画」にある。弾丸列車計画という言葉からは、いかにも昔の人が考えた未来の空想列車というイメージを受けるが、実際には鉄道省建設課が正式に検討し、実現可能な事業として国会の議決も受け、さらには実際に建設も進められた、本気の鉄道計画だった。太平洋戦争の激化によって資材、人材とも枯渇し中止となったが、その資産の多くが現在の東海道新幹線に活かされた。

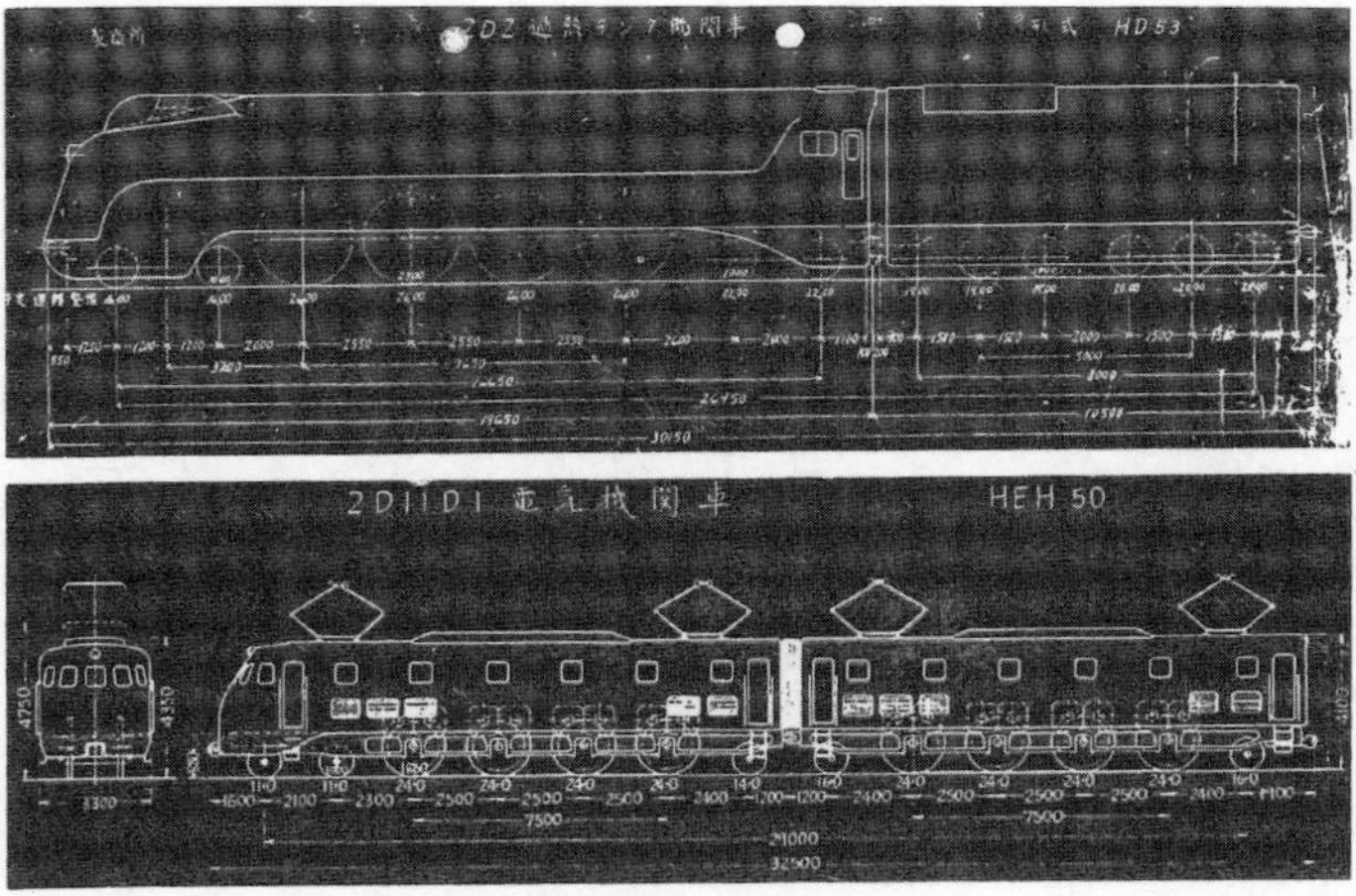

蒸気機関車「HD53」（上）と電気機関車「HEH50」の計画図
（前間孝則著『弾丸列車』より転載）

東アジアの鉄道を広軌で整備した日本

明治時代、日本は大韓帝国と条約を結んで朝鮮半島に鉄道を建設することになっていた。当時、日本は朝鮮半島をめぐってロシアとの関係が悪化しており、軍部は建設が容易で本土の車両を転用できる狭軌での建設を主張した。だが、鉄道技師たちは「朝鮮の鉄道は将来大陸の鉄道と連絡する世界交通の幹線となる路線であり、広軌で建設すべき」と主張。朝鮮の鉄道は広軌で建設され、日露戦争の勝利によって得た南満州鉄道も広軌に改軌された。

時代は下って昭和初期。日本は中国東北部に満州国を建国し、大陸への進出を強めていた。1937（昭和12）年に日中戦争が始まると、内地と大陸の間で人材物資の往来が急増。東海道・山陽本線の輸送力逼迫という事態を引き起こした。当時大陸への物流は下関から船で釜山《ふざん》あるいは大連《だいれん》に渡るのが速く、一般的だったからだ。

そこで、鉄道省は「鉄道幹線調査分科会」を設置し、東海道・山陽本線を今後どうするべきか検討した。やがて「今までの路線とは別に、大陸規格の新路線を東京から下関まで建設して、長距離列車だけを高速で集中的に運行する」という「弾丸列車計画」が生まれてくる。下関からは連絡船に接続し、将来は車両を直接連絡船に積載して直通させることも想定した。弾丸列車は、朝鮮・満州を通じて欧州にまで接続する、大幹線の一部となる計画だったのだ。

この構想は、1940（昭和15）年、当時の国会である帝国議会を通過し、国として正式に推進する事業となった。正式名称は「東京・下関間線路増設に関する件」だったが、通称は、ずばり「新幹線計画」。最高時速200キロ、東京～大阪間を4時間30分、東京～下関間を9時間で結ぶという計画だ。旅客列車だけでなく貨物列車も運行し、1954（昭和29）年度まで15年かけて建設するというものだった。建設総予算は5億5610万1000円。初年度は6000万円が承認された。

弾丸列車計画のルートは東海道新幹線にそっくり

では、この「弾丸列車計画」。大阪まではどんなルートだったのだろうか。まず、起点は東京駅だ。市ケ谷とか新宿、あるいは高井戸という案もあったが、結局は無難な東京駅に落ち着いた。神奈川県との境である多摩川までのルートは「未定」。多摩川からは菊名北方を通過し、小田原、沼津、静岡、浜松、豊橋、名古屋を経由。鈴鹿山脈をトンネルで抜けて、京都を経て大阪市の淀川の北に新大阪駅を置く……。つまり、名古屋～京都間以外、大部分が現在の東海道新幹線と同じルートなのである。この計画に基づいて土地の買収が開始され、相模川～小田原間、豊橋付近など全体の3割ほどの用地が確保された。新丹那トンネル（p32）や日本坂トンネル（p36）では、建設もスタートした。

だが、土木工事が始まった頃にはすでに太平洋戦争が始まっており、着工から1年ほどで工事は中止となった。戦後、弾丸列車計画のために買収された土地の返還訴訟が行われたが、その訴訟中に東海道新幹線計画がスタート。買収用地は新幹線に最大限活用されることになった。東海道新幹線が着工からわずか5年で515キロの新線を建設するという離れ業をやってのけたのは、弾丸列車計画の遺産があったからである。

東海道新幹線の起点は代々木公園になるはずだった？

日本の大動脈、東海道新幹線の起点は東京駅だ。これは今日では当たり前のことだが、最初から東京駅に決まっていたわけではない。当時東京～品川間には、新幹線とは別に在来線の線路を増設する計画があり、新幹線が入る余地はなかったのだ。また、都市計画的にも、すでに交通が集中している都心を避け、これから発展が見込まれる副都心や全く新しい場所を選ぶべきだという意見も強かった。

――米軍からの返還見込みが立たず断念

実は、戦後、東海道新幹線が最初に計画された時、想定された起点は現在の代々木公園付近だった。具体的には明治神宮の南、現在代々木公園やＮＨＫ放送センターがあるあたりだ。ここは戦前、陸軍の練兵場があった場所で、戦後は米軍に接収されワシントンハイツと呼ばれる米軍用住宅になっていた。いずれは返還が期待されており、新しい東京のターミナルとして申し分ない広さを備え、工事もしやすかった。

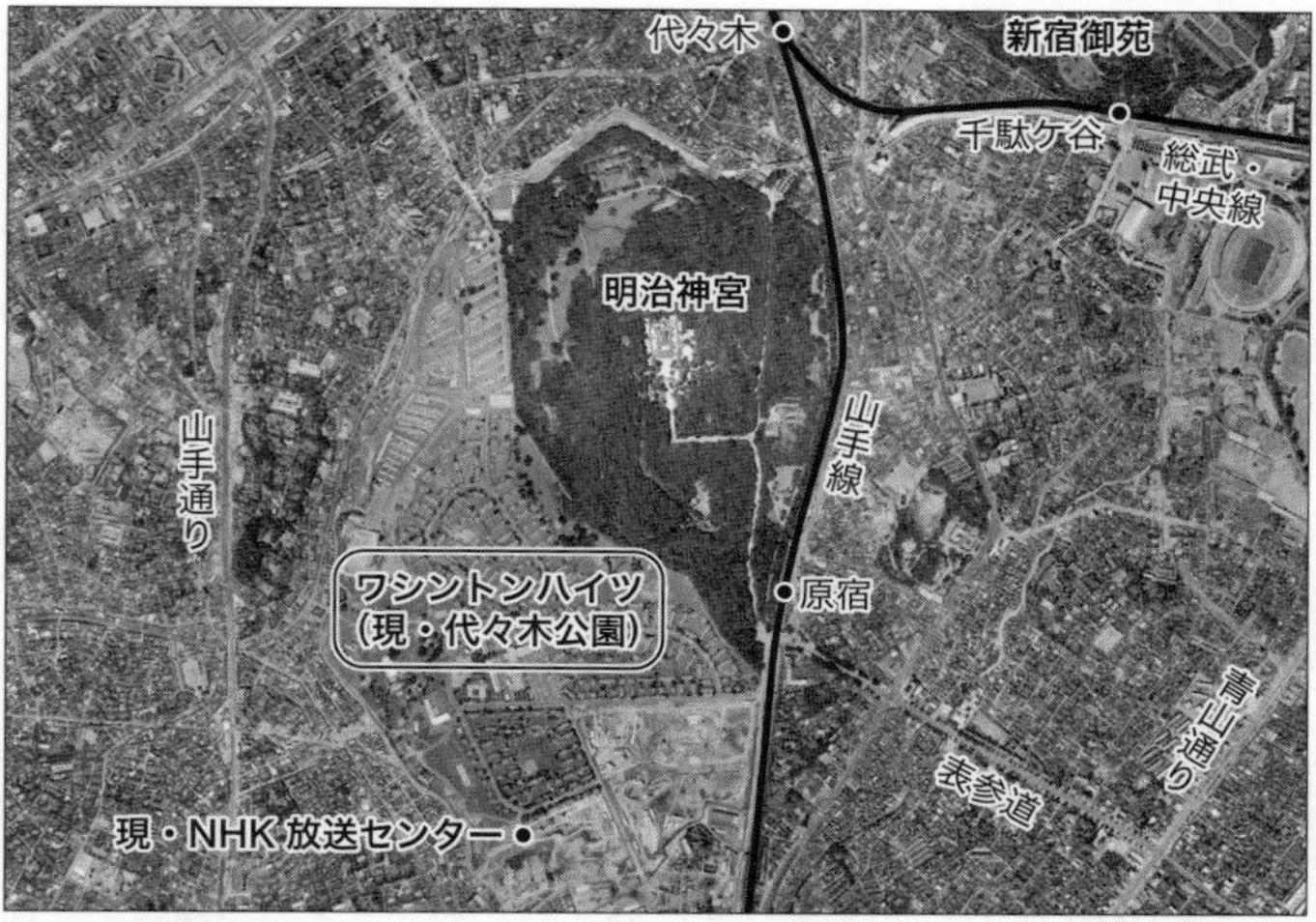

最初の構想時に起点として想定されたのは、現在の代々木公園付近だった
（地理院地図〔空中写真1961年～1969年〕に加筆）

だが、それはあくまで構想時点の話。東海道新幹線の建設が具体化すると、実現性と利便性が問題になる。そもそもワシントンハイツは、1958（昭和33）年に東海道新幹線建設計画が本格的に検討された時点では、日本への返還は決まっていなかった。実際に返還が決まるのは、東京オリンピックの開催が決定し、ここに選手村が設置されることが決まってからのことである。

そこで、先入観抜きで幅広い観点から起点が検討されることになった。新宿・代々木などの山手方面に加えて、市ケ谷などの東京中央部、そして東海道本線沿いの3エリアからそれぞれ候補が挙げられた。その数は全部で14カ所にのぼる。

このうち、明治神宮外苑と新宿御苑、飯

田町貨物駅（現在の飯田橋駅南側、ガーデンエアタワー付近）、竹橋付近は広さが十分とれないとして除外。残る10カ所のうち、ワシントンハイツは返還の見込みが不透明なうえに在来線の駅から離れていて不便、新宿の淀橋浄水場跡は移転が完了しておらず、着工から5年とされた工期に間に合わないおそれがあった。新宿駅西口広場は地下鉄計画などを考慮すると地下3階付近の駅となるが、地盤が水を大量に含む砂れき層で、当時の技術では建設が困難とされた。市ケ谷は広さこそ十分で、東海道新幹線計画のルーツである戦前の「弾丸列車計画」では起点として最も有力視されたエリアだったが、実際には都内の人口分布のバランスを取ったらたまたま市ケ谷付近になったという話で、当時は地下鉄がまだ少なく、アクセスに問題があった。代官町（北の丸公園付近）も、同様の理由で除外された。

在来線用の用地を使って東京駅八重洲へつなぐ

皇居前広場は地下案で、将来の東北延伸には有利だったが、工事費が巨額になるわりに国電・地下鉄駅から中途半端に遠く不便だった。東京駅丸の内の地下も検討されたが、すでに丸ノ内線が開業しており、さらにその下に駅を作るのは困難とされた。

八重洲口には、前述の通り１９６７（昭和42）年度までに在来線の新線を高架線で建設する計画があった。その上に新幹線の高架を作る二重高架案も検討されたが、さまざまな建物を支障してしまうため、不可能という結論になった。

品川と汐留は、東京駅周辺まで新幹線が入れないのなら、首都の入口に起点を置こうという発想だ。現在のリニア中央新幹線が品川を起点に選んだ理由に近い。だが、汐留は国内最大の貨物駅を移転させなくてはならず、非現実的だった。品川は、山側は土地が狭く地下駅とせざるを得ず技術的に困難。海側は汚水処理施設などがある埋立地で、地質に問題があるうえ、当時の感覚では首都の玄関としてふさわしくないという意見が強かった。

こうして、いずれの案も決定打とならず、結局在来線の線増計画を中止して新幹線に振り替えるか、品川を起点とするかという選択を迫られた。そして、最終的に選ばれたのが、在来線増設用の土地を振り替える、東京駅八重洲口案だった。新幹線を建設する代わりに、いましばらく、都民に通勤ラッシュを我慢してもらおうというわけだ。

この時、新幹線に用地を明け渡した在来線新線計画は、その後高度経済成長に伴って首都圏主要路線の輸送力増強を行う「通勤五方面作戦」に姿を変え、総武線千葉方面と直通運転を行う地下線という、全く違う形で復活。１９７６（昭和51）年に東京トンネルとして開業した。現在の横須賀線である。

東京駅のホームが14・15番線本だけ曲がっている理由

東海道新幹線の起点、東京駅。その乗り場は、14番線から19番線まで3面の島式ホームに6本ある。このうち八重洲側の16〜19番線はほぼ直線だが、14・15番線の北側は16番線から離れて行くようにカーブを描いている。

これは、14・15番線が本来東北新幹線のホームになるはずだったからだ。厳密に言えば、東海道新幹線と東北新幹線の直通列車の乗り場になるはずだった。東海道新幹線のホームは、開業当初、17〜19番線の2面3線でスタートした。16番線は、将来に備えて準備され、1967（昭和42）年3月10日から使用が開始された。

1971（昭和46）年、東北新幹線の建設が着手された。起点は「骨格となる新幹線相互の直通を可能とすること」として東京駅に決まり、それまで在来線が使用していた12〜15番線を新幹線用に改築して使用することになった。この4本に16番線を加えた5本のホームが、東海道新幹線と東北新幹線とを直通できる構造になるはずだったのだ。もし、予定通り完成していれば、仙台発新大阪行き「ひかり」といった列車が実現していたかもし

14・15番ホームは本来東北方面に直通できる構造だった
（国土地理院の空中写真〔CKT20176-C17-25〕に加筆）

れない。

1976（昭和51）年度の開業を目標とした東北新幹線だったが、オイルショックや国鉄の経営悪化、新幹線騒音公害の顕在化などによって開業がずるずる遅れていく。一方、東海道新幹線は、1972（昭和47）年の山陽新幹線岡山開業、1975（昭和50）年の博多開業と路線を延ばし、輸送量も1970（昭和45）年開催の大阪万博などをきっかけにどんどん増えていった。

もはや、4本のホームでは増え続ける東海道新幹線の需要をとてもさばききれない。あと2本、東海道新幹線のホームが必要という意見が強まった。そこで1975年から、東北新幹線用とされていた14・15番線を東海道新幹線の乗り場として使用開始したのである。これはあくまで暫定の措置で、東北新幹線が開業すれば、線路をつなげて双方の新幹線の乗り場として使用するはずだった。

だが、この頃には直通運転の構想はしぼんでしまっていた。輸送量が増え続ける東海道新幹線と、開業日すら決まらない東北新幹線とでは差が開きすぎたのだ。むしろ、どこかでトラブルが発生したらダイヤの乱れが広範囲に及んでしまうから、直通運転はしない方がよい……。結局、1977（昭和52）年に直通運転の計画は大幅に見直された。普段は直通運転を行わず、臨時列車などのために14番線のみ線路をつないでおく、ということになった。

——会社間の利益が一致せず直通運転は凍結へ

東北新幹線が、東京駅への乗り入れをようやく実現したのは、それから14年後の1991（平成3）年6月20日のことである。この時、すでに国鉄はJRグループに分割民営化され、東北新幹線はJR東日本が、東海道新幹線はJR東海が運営していた。両社は開業に先立って直通運転について協議を行い、JR東日本は計画通り14番線の線路を双方の新幹線につなぐことを主張した。直通列車を走らせるか、あるいは14番線に東北・上越新幹線、15番線に東海道新幹線を発着させ、同一ホームでの乗り換えを可能にしようとしたのである。これに対しＪＲ東海は、トラブル発生時にダイヤの乱れが広範囲に及んでしまうと直通運転に消極的だった。

東海道新幹線と東北新幹線とでは、電気の周波数が50ヘルツと60ヘルツで異なり、直通運転を行うには双方に対応した新型車両を開発しなくてはならない。ＪＲ東日本にとっては、それは東海道新幹線の豊富な乗客を自社路線に呼び込むチャンスだったが、ＪＲ東海にとっては貴重な14番線を東北新幹線が使うと東海道新幹線の輸送力に影響が出るなど、デメリットの方が大きかった。

こうして、両社の協議はまとまらず、結局１９９６（平成８）年にＪＲ東日本が直通運転計画の凍結を発表。事実上、直通運転は幻と消えた。12・13番線の２本しか新幹線ホームを使えなくなったＪＲ東日本は、中央線快速電車のホームを高架に上げ、在来線の乗り場を１面ずつ丸の内側にずらすことで、もう２本ぶんの新幹線ホーム用地をひねり出した。このホームは１９９７（平成９）年に使用を開始し、同時にホーム番号を20〜23番線に改めた。しかし、東北・北海道・秋田・山形・上越・北陸と、ＪＲ東日本系列の路線網が広がった現在では、再び乗り場の不足が問題になっている。

東京駅14・15番ホームは、東北新幹線と並走して北へ向かうようにカーブしているが、そのレールは神田方でぷつりと途切れている。

全国的にも珍しい立体交差が見られる馬込の不思議

全国的にも珍しい、新幹線と在来線の「サンドイッチ」が見られる場所がある。

それは、下り列車で品川駅の先、東海道新幹線最初のトンネルである八ツ山トンネルを抜け、大きく右にカーブして高架線に上がった先。右にツインタワーの大崎ウエストシティタワーズ、左に山手線の車両基地（JR東日本東京総合車両センター）を見てからまもなく、東急大井町線の線路と立体交差する。A席側に見える駅は下神明《しもしんめい》駅だ。

この東急大井町線との交差地点こそ、「鉄道のサンドイッチ」が見られる場所だ。新幹線の下を通る大井町線の線路も高架上にあり、その下には湘南新宿ライン及び横須賀線の線路が交差している。三つの鉄道路線がほぼ三層に重なる構造だ。地下鉄を含まない鉄道の三重立体交差は、極めて珍しい。東海道新幹線の高架は地上約15メートルほどの位置にあり、建設当時は異例の高さだった。

このような三重立体交差が生まれた理由。それは、新幹線を速やかに完成させるためだ。東海道新幹線は、1959（昭和34）年の着工から5年での完成が至上命題とされていた。

下神明駅付近。下から湘南新宿ライン及び横須賀線、東急池上線、東海道新幹線と三つの鉄道が重なる

それは、すでに在来線だけではパンク状態だった東海道の輸送力を一刻も早く増強することが第一の目的だったが、まもなく東京オリンピックの開催が決まり、オリンピックまでに開業させるという命題が加わった。しかし、すでに民家やビルが林立していた東京都内では、線路用地を一から買収していたのではとても間に合わない。そこで、東京駅から都県境である多摩川付近まではついては、在来線に並走する形で線路を敷くことになった。時速200キロでの運転はできないが、東京都を出るまでのことなので、大阪までの所要時間は数分しか変わらないものと計算された。

品川から多摩川までの約8キロは、当時貨物専用線だった東海道本線支線、通称品《ひん》鶴線《かく》（現在の横須賀線・湘南新宿ライン）に並走させることになった。すべての区間を品鶴線と並走させる地平案と、山手貨物線（湘南新宿ラインの一部）などとの交差が多い東半分を高架線とする一部高架案が比較検討され、用地買収がより少なく済む一部高架案が採用されたのだ。この結果、元々立体交差だった品鶴線と東急大井町線の交差部では、さらにその上に新幹線の高架を建設することになり、極めて珍しい三重立体交差が現れた。

――工期短縮の努力が昔ながらの街並みを残す結果に

さて、東急大井町線との三重立体交差からしばらく進むと、もう一つ、珍しい立体交差がある。それが、第二京浜国道と交差する馬込架道橋だ。

横須賀線の西大井駅付近から、新幹線は品鶴線の真上に出る。これは「直上高架工法」と呼ばれる工法によって建設された区間で、元からある線路には手を付けず、列車が行き交う中、その真上に新たな高架線を建設する工法だ。新たに土地を取得する必要がなく、交渉と買収のコストを節約できるメリットがある反面、1日約120本の貨物列車が行き交う真上で施工するため、技術的に難しい。現在では広く採用されている工法だが、日本の鉄道で本格的に採用されるのはこの時が初めてだった。

その結果、第二京浜国道との交差部では、地平を走る品鶴線を国道が陸橋でまたぎ、さらにその上を新幹線がまたぐ形になった。これも全国的に珍しい、「鉄道－国道－鉄道」のサンドイッチである。

この馬込架道橋の架設が、大変な難工事だった。馬込は大正時代から発展した住宅地で戦災を免れ、室生犀星や村岡花子など、多くの文人が暮らした町だ。細い路地が入り組み、幹線道路はほとんどない。そんな町へ、１９６４（昭和39）年３月28日深夜、全長85メートル、重量５８０トンもの橋桁を持ち込んで、陸橋のさらに上へ一気に架設したのである。当時の第二京浜国道の交通量は１日８万台。当日は第二京浜国道を一晩通行止めにした。第二京浜国道と環七通り以外幹線道路がほとんどなかったため、迂回路は五反田から横浜まで、実に17キロに及んだという。そして、この大工事からわずか半年後に東海道新幹線は開業の日を迎えたのだから、いかに突貫工事だったかがわかる。そして、直上高架橋を採用したおかげで線路周辺の古い民家が取り壊されずに済み、これが馬込周辺に戦前からの古い町並みが今も残った要因の一つとなった。

馬込架道橋の架設から４年後の１９６８（昭和43）年11月15日、都営地下鉄１号線（現・浅草線）泉岳寺〜西馬込間が開業。馬込架道橋の下、品鶴線のさらに地下に地下鉄が通った。この時以来、馬込架道橋は鉄道３線と幹線道路の、四重立体交差となった。

新幹線を安く、早く完成させようとした努力が、珍しい立体交差を生んだのである。

多摩川でのスピードダウンに秘められた節約の工夫

馬込を過ぎた下り列車は、少し加速したかと思うとすぐに減速して、多摩川を渡る。ここから先は神奈川県だ。列車はゆっくり左に大きくカーブし、武蔵小杉駅を通過する。その先で在来線と別れ、再び加速するが、まもなく放送が入って新横浜に到着する。新横浜まで思うようにスピードを出せない新幹線。当初の計画では、馬込付近から一気に加速して、多摩川を渡る頃には時速200キロに達しているはずだった。

このあたりは、東京〜新大阪間515キロの中でも、特にルート選定でもめた区間だ。最初は、多摩川をやや斜めに渡ってから、まっすぐ新横浜へ向かう直線案と、在来線の品鶴線と一緒に多摩川を渡った後、時速200キロで走れる緩やかなカーブで新横浜へ向かうS字案の2案があった。検討の結果、川を斜めに渡るとコストがかかることから、後者のS字案に決まり、測量が始まった。ところが、1960（昭和35）年になって、都県境付近は時速200キロで走れなくてもよい、というルールが決まった。都内は在来線と並走させて、急カーブを許容する代わりに建設費と工期を節約しようという考え方だ。

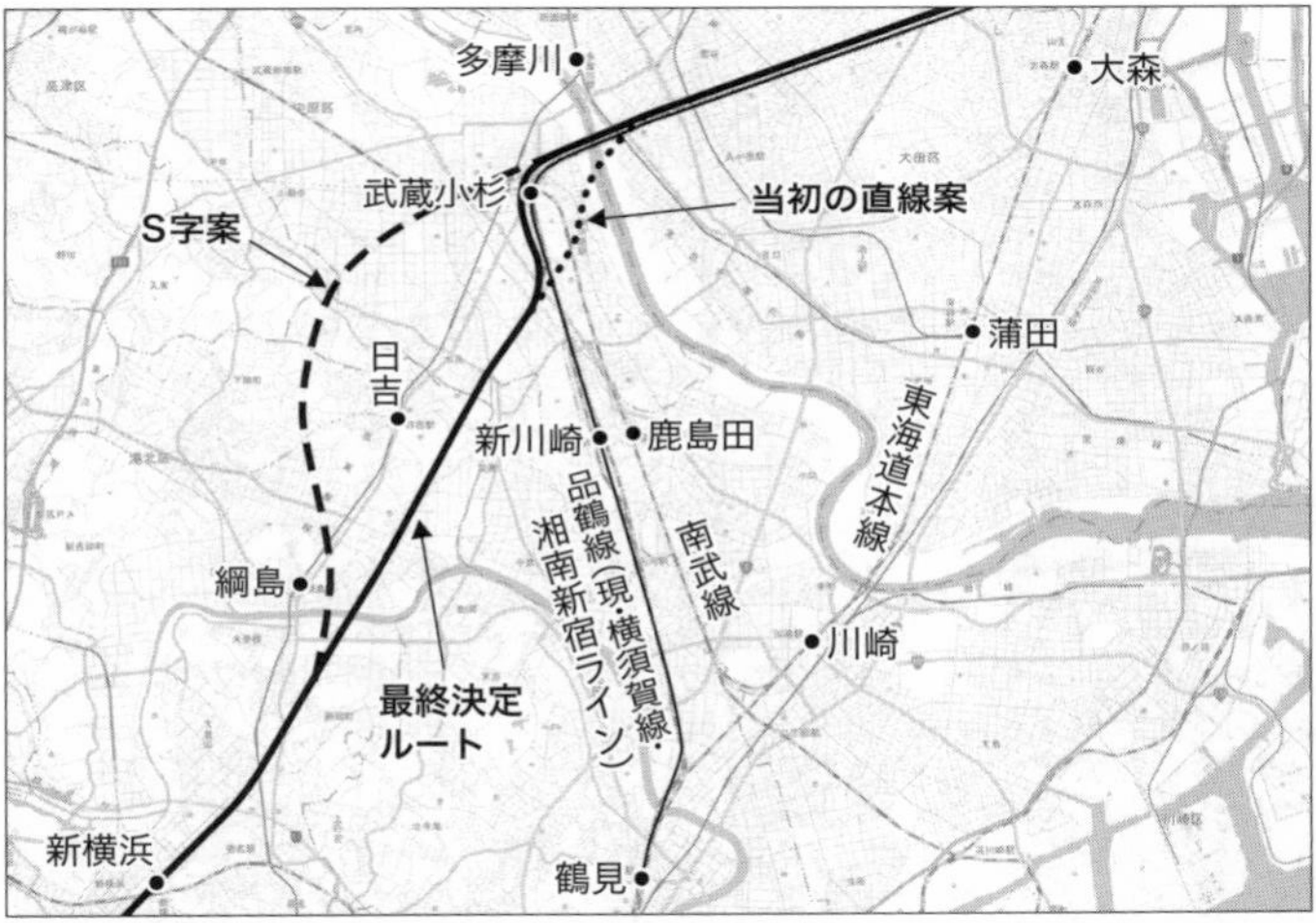

多摩川付近のルートの変遷（地理院地図に加筆）

そこで、多摩川から川崎市内のルートがもう一度見直され、直線案をベースに、多摩川の先にある急曲線まで在来線と並走させるルートに変更された。これだと新幹線は時速120キロまで減速しなくてはならないが、所要時間は1分程度しか延びず、建設費と工期が画期的に節約できた。

納得いかなかったのは、直線案の沿線の人たちだ。なぜ突然ルートを変えたのかと国鉄に詰め寄り、川崎市内はトンネルで通過するよう求めた。

国鉄と地元との話し合いにようやく折り合いがつき、測量が開始されたのは1962（昭和37）年7月末。すでに、実験用の試作編成が完成し、県西部の鴨宮ではモデル線を使用しての走行実験が始まっていた。

神奈川県に設定された「モデル線」の奇跡とは？

リニア中央新幹線が、山梨県内に延長42キロの実験線を設けて試験を行っているのと同様、東海道新幹線でも、開業に先立って各種走行試験を行う「モデル線」が先行して建設された。その場所は、新横浜～小田原間の東京起点43・4キロ地点から、同75・2キロ地点までの31・8キロ。地図で言えば、小田急江ノ島線高座渋谷駅との立体交差付近から、小田原駅の手前、酒匂川《さかわがわ》橋梁を渡った地点まで。さらにわかりやすくすると、相模川橋梁の少し手前から酒匂川橋梁までの約7分間だ。

なぜ、この区間がモデル線に選ばれたのか。それは、すでに土地が確保されていたからだ。酒匂川の右岸（新大阪寄り）から、小田原駅の先にある早川の右岸（同）までの約27キロは、戦前の弾丸列車計画（p10）によって用地が買収されており、用地買収の交渉をする必要がほとんどなかった。加えて、時速200キロ以上で走行する高速鉄道の走行試験に必要な、あらゆる条件が奇跡的に網羅されていたのだ。

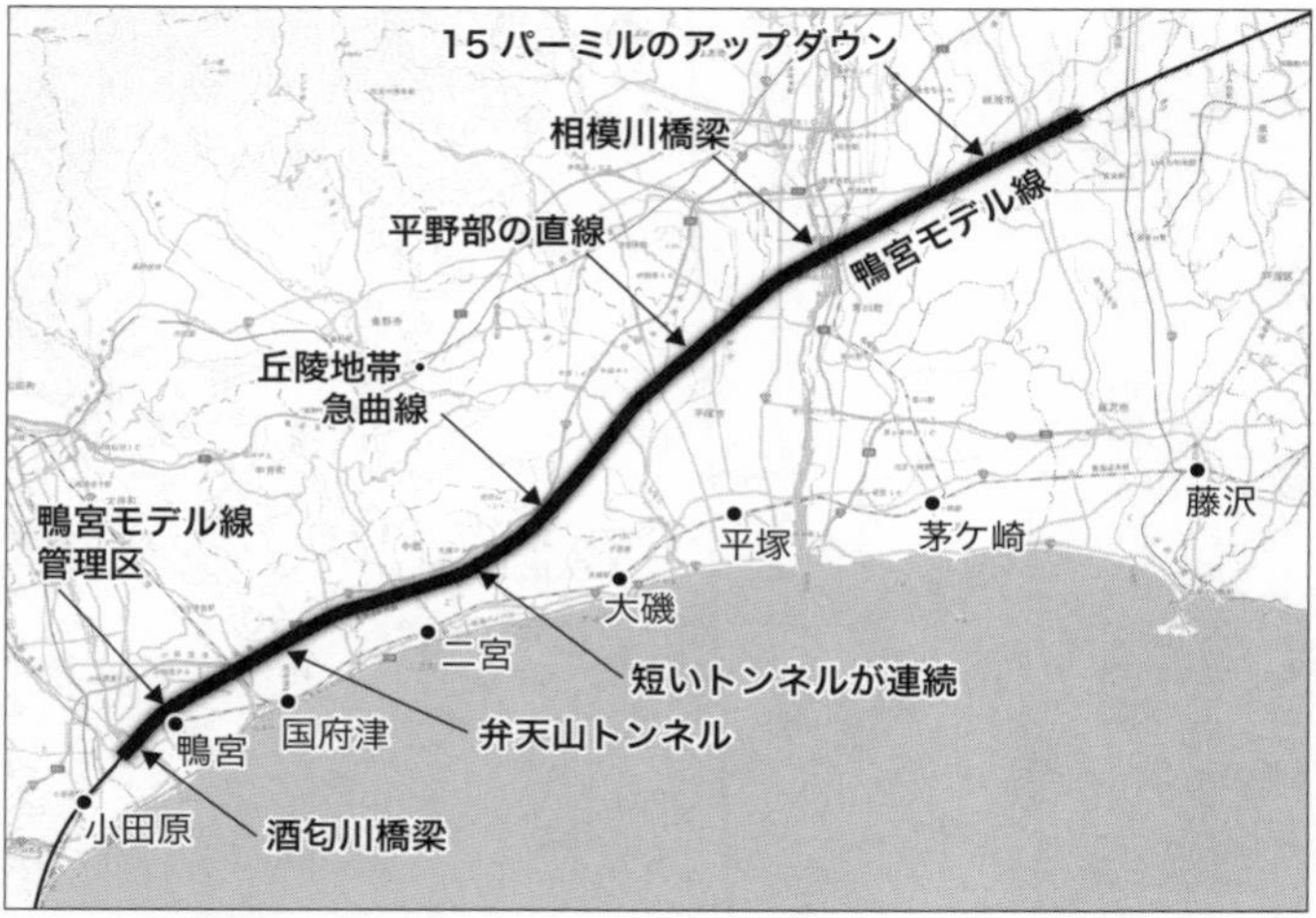

鴨宮モデル線のルート（地理院地図に加筆）

――モデル線区間を列車から体験しよう

実際に、下り列車に乗って、ルートをたどってみよう。新横浜駅を発車して約5分。しばらく堀割の中を走ってきた新幹線は、小田急江ノ島線高座渋谷駅の下を第二大和トンネルでくぐる。その先からがモデル線のスタートだ。まずは相模平野の直線区間。15パーミルという、東海道新幹線としては急なアップダウンがあり、スタート地点から約8キロで、667メートルの相模川橋梁を通過。さらに10キロほど、最高速度で走れるほぼ平坦な区間が続く。右手の丘にカラフルな家が並ぶ湘南日向岡住宅が見えてくると、10パーミルの登り勾配となって、丘陵地帯に入る。山が海岸近くまで張り出し、最高速度で走れる最も急なカーブである半径2500メートルの曲線が連続。短いトンネルをいくつも通過する。そして、モデル線最長となる1316メートルの弁天山トンネルへ。このトンネルから、14パーミルの下り勾配が約2キロにわたって続く。トンネルを抜けると御殿場線と交差して、左手から東海道本線が近づいてくる。現在、線路保守の車両基地となっているところが、モデル線の拠点、鴨宮モデル線管理区があった場所だ。422メートルの酒匂川橋梁をゆっくりと渡って、渡りきったところがモデル線終着。現在の「のぞみ」は、ここから約30秒で小田原駅を通過する。

十分に最高速度で走行できる直線、半径2500メートルの曲線、大小11のトンネル、橋梁、各種勾配と、鴨宮モデル線は、走行試験に最適な条件を備えていたのだ。

モデル線は、1962（昭和37）年3月までに完成させるはずだったが、工事に手間取り、同年6月にようやく鴨宮から10キロほどの区間が使えるようになった。A編成（2両）とB編成（4両）という2本の試験車両が用意され、6月22日、初めて本線上を走った。この日が、新幹線電車が史上初めて本線上を走行した記念すべき日である。6月26日、十河《そご》信二国鉄総裁をはじめ国鉄幹部が参列して正式な試運転がスタート。酒匂川左岸の鴨宮モデル線管理区から神奈川県大磯町生沢付近まで、時速50キロでゆっくり走行した。

モデル線は順次延長され、軌道が安定してくるに従って速度を向上。10月10日にモデル線が全線完成し、同月27日（資料によっては30日）、ついに時速２００キロ運転を達成した。その後も、車両性能の他、レール、架線、ブレーキ、自動列車停止装置、高速運転でのすれ違いなどさまざまな試験が行われ、１９６４（昭和39）年３月30日には時速２５６キロを記録。翌月、全試験を終了して、同年10月の開業に向けた試運転に移行していった。

――「モデル線」が「実験線」でない理由

ところで、この区間を「テスト線区」あるいは「実験線」ではなく、「モデル線」と名づけたのはなぜだろう。それは、この区間が単なる試験運転のための路線ではなく、高速鉄道技術を内外にアピールする施設という側面が強かったためだ。新幹線の技術が順調に進歩していることを見せることで、建設予算の増額要求をしやすくし、国際的な信用力を高めて、日本製車両の海外輸出を進めるための実績を積み重ねるといった目的があった。

また一般も含めた試乗会も積極的に行われ、「夢の超特急」に懐疑的だった国民から理解を得る場ともなっていった。東京方のモデル線起点付近には、試乗会に使われた階段が今も作業用階段として残っている。

!?

新幹線の建設工事は戦時中に始まっていた！

東海道新幹線には全部で66のトンネルがあるが、その中で最も長く、最大の工事となったのが、熱海～三島間の新丹那トンネル（７９５９メートル）だ。１９５９（昭和34）年４月20日に、東側坑口で東海道新幹線の起工式が行われた場所でもある。

だが、このトンネルの建設は、太平洋戦争中に始まっていた。熱海側の１９０メートルと、三島側の２３２メートルは、戦前の東京～下関間の弾丸列車計画の一環として建設され、起工式の時点ですでにコンクリートも吹き付けられていた。

新丹那トンネルの建設が具体化したのは、１９４０（昭和15）年7月、弾丸列車計画が検討されて、当時の鉄道省に「新幹線丹那隧道研究会」が設置された時からだ。先に開通していた在来線の丹那トンネルは極めて難工事で、多くの殉職者を出していた。このあたりは６００万年前に伊豆半島が本州に衝突して生じた地形で、断層が複雑に入り組んでいるうえ、湧水が極めて多かったからだ。新幹線用のトンネルはさらに規模が大きく、大変な難工事が予想された。

新丹那トンネルの東側坑口。東海道新幹線の歩みはここから始まった

太平洋戦争の開戦が近づく１９４１（昭和16）年８月４日、ついに新丹那トンネルの建設が認可された。国鉄技術者たちの喜びは大変なものだったという。熱海の飲み屋で祝杯を挙げた青年技師が、東京行きと間違えて下関行きの列車に乗ったまま眠り込んでしまい、行方不明になったと大騒ぎになったというエピソードも残っている。

トンネルの掘削工事が始まったのは、開戦後の１９４２（昭和17）年春。まだ、一部のルートは正式決定していなかったが、難工事が予想される長大トンネルから先行して工事が始まった。新丹那トンネルの予定工期は７年６カ月。１９４９（昭和24）年度の完成を目指した。東海道新幹線の建設は、戦時中に始まったのである。

――日本と大陸とを結ぶ世紀の大事業

当時、日本は太平洋戦争緒戦の勝利に沸いていた。新丹那トンネルの建設は、日本と大陸とを結ぶ世紀の大事業のシンボルでもあった。建設現場では、当時の映画スター岡譲二主演による東宝映画「男」（渡辺邦男監督）の撮影も行われた。

だが、やがて太平洋戦争の戦況は急速に悪化する。新丹那トンネルは資材と作業員の不足によって１９４３（昭和18）年８月に工事がストップ。弾丸列車計画自体も、１９４４（昭和19）年６月に正式に中止が決まった。マリアナ諸島に米軍が迫り、もはや新幹線建設どころではなかった。

この時点で、新丹那トンネルは熱海側から６４７メートル、三島側から１４３３メートル掘削が進んでいた。ただし、大部分は底設導坑といって地質確認のために下半分だけを先行して掘削したもので、アーチ状の鉄道トンネルとして、コンクリートの吹き付けまで行われていたのは、前述した熱海側１９０メートルと三島側２３２メートルだった。

工事中止にあたり、当時、鉄道省の後身である運輸通信省の鉄道総局長官で、戦後第三代国鉄総裁となる長崎惣之助は、「一九年度新幹線実施方針」で「国の状況を考えると、新幹線の建設は全面的に延期しなくてはならないだろう。しかし新幹線は将来必ず必要なものであるから、後年に備えて準備と計画は進めるべきだ」という内容を述べている。

新丹那トンネル東側坑口で東海道新幹線の起工式が行われたのは、それから15年後のことだった。この15年という時間を現代に当てはめると、２０２０（令和２）年の15年前は２００５（平成17）年。現在東海道新幹線の主力車両であるＮ７００系の先行試作編成が登場した年にあたる。弾丸列車計画と聞くと、遠い昔の幻想のような印象を抱くことがあるが、東海道新幹線計画との間に横たわる空白の時間は、意外に短かった。だが、新幹線の必要性を熱く説いた長崎惣之助は、東海道新幹線の開業を見ることなく１９６２（昭和37）年11月に66歳で死去した。

――新幹線の実現を願った新幹線地区

新丹那トンネルに絡んでよく知られるのが、ＪＲ東海道本線函南駅の西側にある「新幹線」と呼ばれる地区だ。「函南町上沢」が正式な地名だが、戦後間もなく「新幹線地区」と呼ばれるようになり、国土地理院の地形図にも記載されている。ここは、新丹那トンネルの西側工区の関係者用宿舎が置かれた地区だ。弾丸列車計画は中止されたが、将来の実現を願って名づけられた。「のぞみ」は、新丹那トンネルを2分あまりで通過するが、入口付近と出口付近の各5秒ほどは、戦時中に建設された部分である。

「先行開業」した新幹線①

日本坂トンネル

新幹線のトンネルを在来線が15年以上も使っていた！

東海道新幹線東京〜新大阪間には、新幹線が開業するよりも前に、在来線の電車がその線路用地を走った区間が3カ所ある。

最も早くから列車が走ったのが、静岡〜掛川間の日本坂トンネルだ。静岡市と焼津市の市境を貫くトンネルで、現在では700メートルほどの間に東名高速道路から東海道本線まで、7本ものトンネルがひしめいている難所である。

日本坂トンネルは、新丹那トンネル（p32）と同様、戦前の弾丸列車計画によって1941（昭和16）年に認可されて建設がスタートした。やがて、戦況の悪化によって弾丸列車計画は全面的に中止。しかし日本坂トンネルは工事が続行された。理由は、在来線の輸送力増強だ。東海道本線は大崩《おおくずれ》海岸の地質が極端に脆い区間を通っていたうえ、石部《せきべ》トンネルと磯浜トンネルの設計が古く、貨物輸送に支障を来していた。そこで、弾丸列車用の日本坂トンネルを完成させ、在来線のトンネルとして使用することにしたのである。日本坂トンネルは1943（昭和18）年8月に貫通、1944（昭和19）年10月10日から東海道

石部トンネル名古屋方の坑口は今では崩壊している（写真：平沼義之、2008年）

本線日本坂トンネルとして使用が開始された。東海道新幹線で、最初に開業したのは、この日本坂トンネルだったのだ。

東海道新幹線の建設が始まると、在来線は再び元のルートに戻されることになった。ただ、明治時代の古い設計のまま使うわけにはいかない。そこで、石部・磯浜両トンネルをつなげて1本のトンネルとするバイパスルートを建設。既存の施設も改良されて新「石部トンネル」となり、1962（昭和37）年9月から、18年ぶりに在来線の列車が走り始めたのである。

在来線と新幹線日本坂トンネルを結んでいた接続線路は、東側、西側ともに細い道路となって残っている。注意深く見ていれば、新幹線の車内から見ることも可能だ。

!? 浜松駅のカーブに隠された流浪の歴史

「のぞみ」は、浜松駅を時速約240キロで通過する。浜松駅のホームは、半径2200メートルの曲線上にあり、新幹線は最高速度で通過することができない。東海道新幹線は、設計当時の基準で時速250キロ運転を可能にするため、原則として曲線は半径2500メートル以上を確保することになっている。中には例外もあるが、その多くが、地形上やむを得ず急曲線を配置したケースと、東京都内など用地確保が難しく在来線の横に貼り付けて線路が敷かれたケースだ。

しかし、浜松駅の急カーブは、そのいずれにも当てはまらない。そこには、新幹線の浜松駅が現在の場所に決まるまでの紆余曲折があった。

そもそもの始まりは、昭和初期の弾丸列車計画（p10）にまでさかのぼる。浜松市の市街地は、関東大震災が発生した1923（大正12）年以来、都市計画に基づいて駅を中心に発展してきた。しかし、狭い敷地に貨物駅や私鉄の浜松電気鉄道（現在の遠州鉄道）などがひしめく形になり、昭和10年代にはすでに手狭となっていた。そこに、弾丸列車の駅を

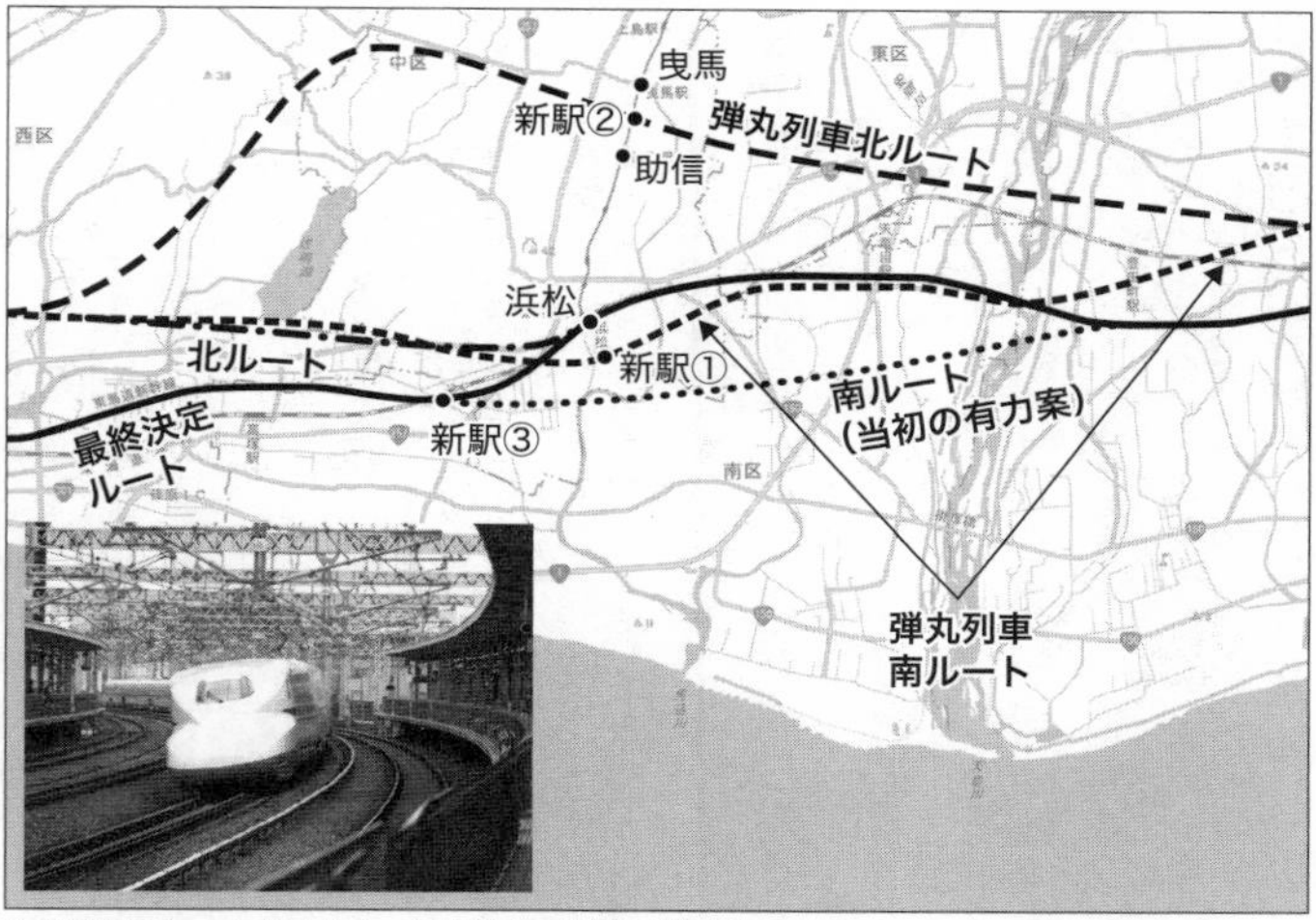

浜松付近ルート検討図。各新駅の位置は推定（地理院地図に加筆。写真は浜松駅）

建設するのは難しく、あまりに鉄道施設が集中すると防空対策上の懸念もあった。そこで、弾丸列車を建設することを機会に、新たな駅の建設が検討された。

新駅のプランは二つあった。一つは、浜松駅を在来線と一緒に南へ５００メートルほど移転させ、高架線の新駅①を建設するという南線案。従来の駅一帯を含めた大規模な再開発を行い、一大商業地とする案で、駅西側にあった急曲線も解消できる。抜本的な再開発計画だったが、工費が４３００万円と高価だった。

もう一つが北線案だ。在来線の駅はそのまま残し、そこから約２・５キロ北の田園地帯に、弾丸列車だけの新駅②を建設するというもので、その位置は、現在の遠州鉄道助信《すけのぶ》～曳馬《ひくま》間付近。従来の市街地を北へ迂回し、新駅周辺を新たに開発する案だ。「浜松新都心」を開発する計画で、工費は2900万円と見込まれた。

結局、浜松市と鉄道省はさまざまな状況を検討して北線案を採用。弾丸列車は、浜松市北部を通過することになった。だが、結局浜松周辺は着工されないまま、1944（昭和19）年に弾丸列車計画は中止となった。

――二つのルートをカーブで無理やりくっつける

弾丸列車計画の中止から約15年後、東海道新幹線計画がスタートする。この時も、浜松駅の位置が問題になった。計画当初、国鉄は新幹線を在来線よりも南に通す考えだった。具体的には、今のルートよりも少し南で天竜川を渡った新幹線は、在来線の浜松駅よりも1キロあまり南を通過して、現在JR貨物の西浜松駅があるあたりで在来線と交差する。新幹線の駅はここに設置する計画だった（新駅③）。東海道新幹線の下り列車に乗ると、浜松駅を過ぎたところでA席側にディスカウントストアのMEGAドン・キホーテが見えるが、このあたりに駅が設置される構想だったようだ。これを南ルート案という。

ところが、新幹線が通過する地域は、当時の市街地の南端で、おおいに発展が見込める地域だった。ここを新幹線が東西に貫いては、浜松市街が南北に分断される。しかも、新幹線の駅は浜松駅から2キロ以上も離れるということで、浜松市と静岡県は猛烈に反対。逆に、在来線浜松駅からまっすぐ西へ進み、佐鳴《さなる》湖の南を通って浜名湖の中央を横断するという北ルート案を提案した。だが、浜松市街の中心部を通るため590戸の立ち退きが必要となるうえ、浜松駅が高架化した在来線のさらに上に置かれることとなり、建設費が莫大なものとなる。加えて、浜名湖付近では工期や漁業権補償の都合から、南部の在来線と並走するルートが決定的となった。

浜名湖は南側を通過しなくてはならないが、北側にある従来の浜松駅をなんとしても経由したい。この相反する二つの条件をクリアするために捻り出されたアイディアが、従来の浜松駅に新幹線駅を設置し、大きくカーブして南に進路を取って、当初の南ルートにつなげるという折衷案だった。二つのルート案を強引につなげたために、浜松駅には半径2200メートルという急曲線が生じた。さらに、曲線上に乗り場が設けられたため、在来線ホームと新幹線ホームとが100メートル以上離れてしまい、利用者は長い連絡通路を歩かなくてはならなくなった。

1979（昭和54）年の浜松駅高架化完成によって、在来線ホームは新幹線の隣に移転したが、急曲線はそのままだ。だが、この妥協によって、浜松地区の新幹線建設は1964（昭和39）年開業に間に合ったといえるだろう。

「先行開業」した新幹線②

星越トンネル

新幹線用に設計されながら、短命に終わったトンネル

「先行開業」した区間の二つめは、豊橋〜三河安城間の星越《ほしごえ》トンネルだ。下りは左にラグーナ蒲郡《がまごおり》を見た先、上りは右に三河湾と三河大島を見た先で入るトンネルである。ここは弾丸列車計画（p10）のルートとして確保されていたが、戦時中には着工されず、戦後東海道本線の電化にあたって在来線規格の単線トンネル「新星越トンネル」が建設された。すぐ南に、上下線2本の星越トンネルがあるが、まず新星越トンネル（A）を建設して上り線をこちらに移設。空いた星越トンネル上り線（B）に電化・拡張工事を施工し、下り線を移したのである。新星越トンネルは、将来標準軌用のトンネルに改造できる設計が施され、1952（昭和27）年に完成した。当時はまだ東海道新幹線計画はなかったが、国鉄はいずれ「弾丸列車計画」は復活すると考えていたのである。弾丸列車計画中止の時に「将来に備えよ」と言った、長崎惣之助（p34）の精神は生きていた。

問題は、新星越トンネルが単線トンネルだったことだ。新幹線は複線であり、もう1本ぶんのトンネルをどうにかして建設しなくてはならなかった。並行してもう1本トンネル

【東海道本線電化工事】
①在来線の上り線の単線トンネルとしてAを建設
②在来線上り線をAに移す
③空いたBを電化工事し、在来線下り線をBに移す
④Cを放棄する
（新）星越トンネル（複線）
A
東海道新幹線
星越トンネル
（単線並列）
B
C
東海道本線
【新幹線用工事】
⑤空いたCを電化工事し、在来線下り線をCに移す
⑥Bを電化工事し、在来線上り線を移す
⑦Aを新幹線用複線トンネルに改築

星越トンネルの変遷（地理院地図〔空中写真最新〕に加筆）

を掘ることも検討されたが、結局新星越トンネルを大幅に広げて、複線トンネルに改造することになった。

　まず、一度は放棄された旧星越トンネル下り線（C）を改修して、在来線下り線として復活。空いた旧上り線トンネル（B）に、新星越トンネルを通っていた在来線上り線を移し、1962（昭和37）年春から東海道新幹線星越トンネル（A）の建設が始まった。将来に備えて設計された新星越トンネルだったが、元のコンクリートはいったんすべて取り壊され、あらためて断面積が2倍以上となる複線トンネル「星越トンネル」が建設された。新星越トンネルが使用された期間はわずか10年。将来を見据えたのに短命に終わった、悲運のトンネルだ。

「急がば回れ」を実践した名古屋～京都間

名古屋から京都、そして新大阪まで、東海道新幹線は北へ大きく迂回して、滋賀県の米原を経由する。名古屋～新大阪間は直線距離で約135キロだが、実際の路線距離は173・4キロ。実に40キロ近く大回りしている。

これは、名阪間に標高1000メートルを超える鈴鹿山脈がそびえているためだ。新幹線は、この山脈を避け、山脈が途切れる関ケ原を通って米原に抜けるルートを選択した。

鈴鹿山脈を越えるトンネルを建設する技術がなかったわけではない。実際、戦前の弾丸列車計画（p10）では、鈴鹿山脈経由が有力視されていた。東海道新幹線建設にあたっても、当初山脈北側の鈴ケ岳経由か、南側の八風峠経由のルートが検討されている。しかし、どちらのルートも13キロ前後の長大トンネルとなってしまう。東海道新幹線建設の鍵を握るといわれた新丹那トンネル（熱海～三島間）が7959メートルだから、その規模がわかる。しかも、トンネルの長さだけでなく、トンネルから地表面までの土砂の厚さ、いわゆる土被《どかぶ》りも非常に厚くなり、技術的にも工期的にも、難工事が予想された。

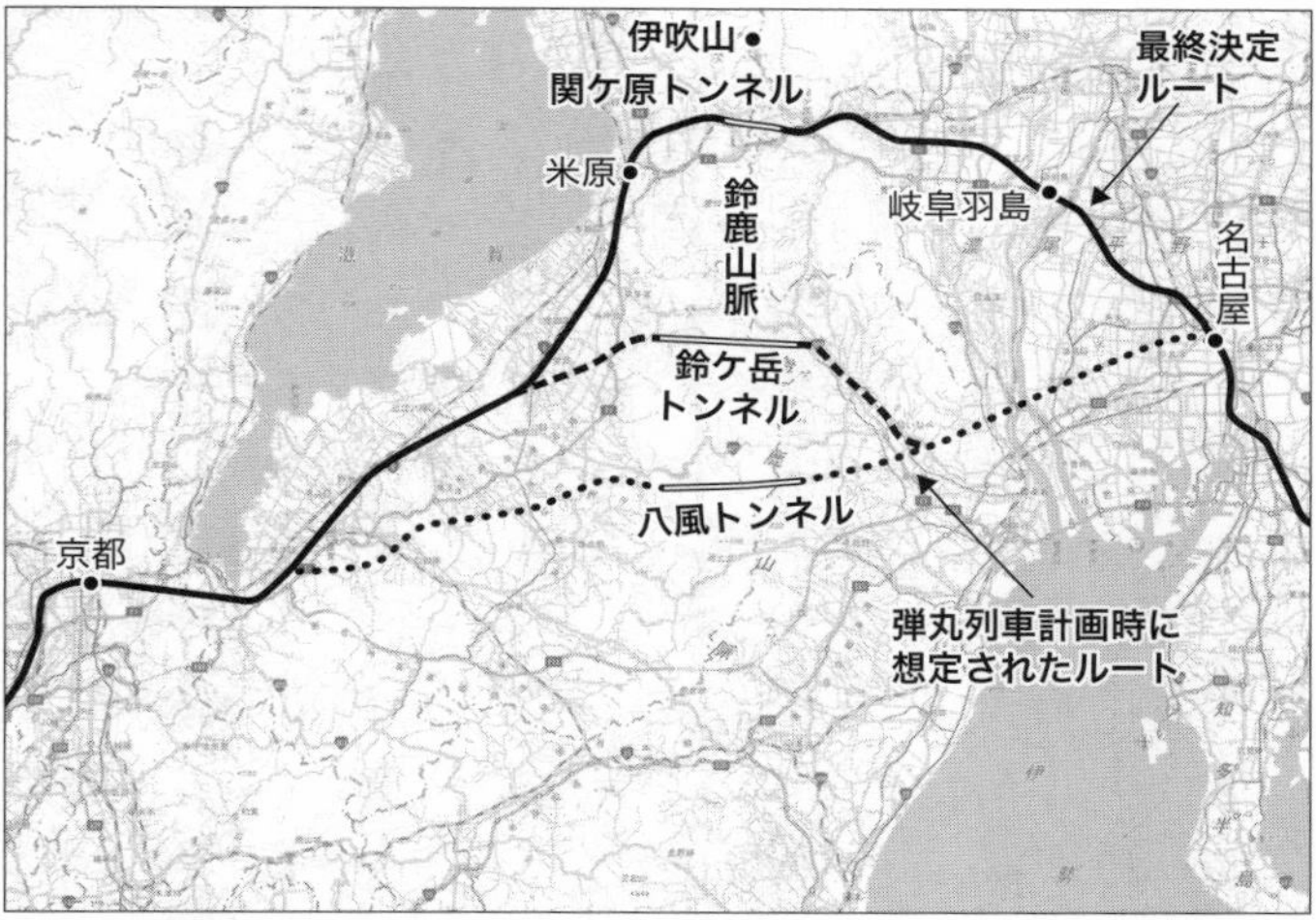

東海道新幹線は関ケ原へ迂回した（地理院地図に加筆）

新幹線のルートが検討された1958（昭和33）年当時、東海道新幹線は現代では考えられないほどのスピード建設が求められていた。在来線の東海道本線は、1963（昭和38）年頃には輸送力がパンクすると予想され、着工から5年での完成が至上命題。鈴鹿山脈を越えるルートは選択できなかった。

そこで浮上したのが、関ケ原ルートである。関ケ原は、北の伊吹山地と南の鈴鹿山脈に挟まれた回廊状の地形で、ここを通ればトンネルは4キロ以下で済む。米原を経由すれば北陸方面への連絡も便利になる。

関ケ原と米原を経由するルートには、東海道新幹線を必ず1964（昭和39）年までに開業させるという決意が表れている。

濃尾平野をめぐる大論争！

名古屋～関ケ原間建設苦難の歴史とは？

鈴鹿山脈越えをあきらめ、関ケ原を通ることが決まった東海道新幹線。名古屋から大垣を経て関ケ原までのルートを見ると、広大な濃尾平野を、都市部を避けて、ほぼ最短に近いルートで結んでいるように見える。だがこの区間は、東海道新幹線で最もルート決定がもめた場所でもある。

ルートが本格的に検討された頃、名古屋から関ケ原までは、現在よりももっと直線的なルートになるはずだった。地図帳を広げて、名古屋駅から関ケ原まで定規を当ててみよう。名神高速道路が関ケ原に入っていく牧田川沿いの谷を通れば、ほぼ一直線に関ケ原に向かうことができる。これが最初のルート案で、１９５８（昭和33）年11月に国鉄原案として運輸省（現在の国土交通省）に申請された。

これに異を唱えたのが、岐阜県の政財界だった。特に岐阜市の関係者が中心となって、「在来線に並走させて、岐阜市内に駅を作るべきだ」と、岐阜市内を通過する「岐阜県民案」主張したのである。しかし、東海道本線岐阜駅を回ると国鉄原案よりも15キロ前後も

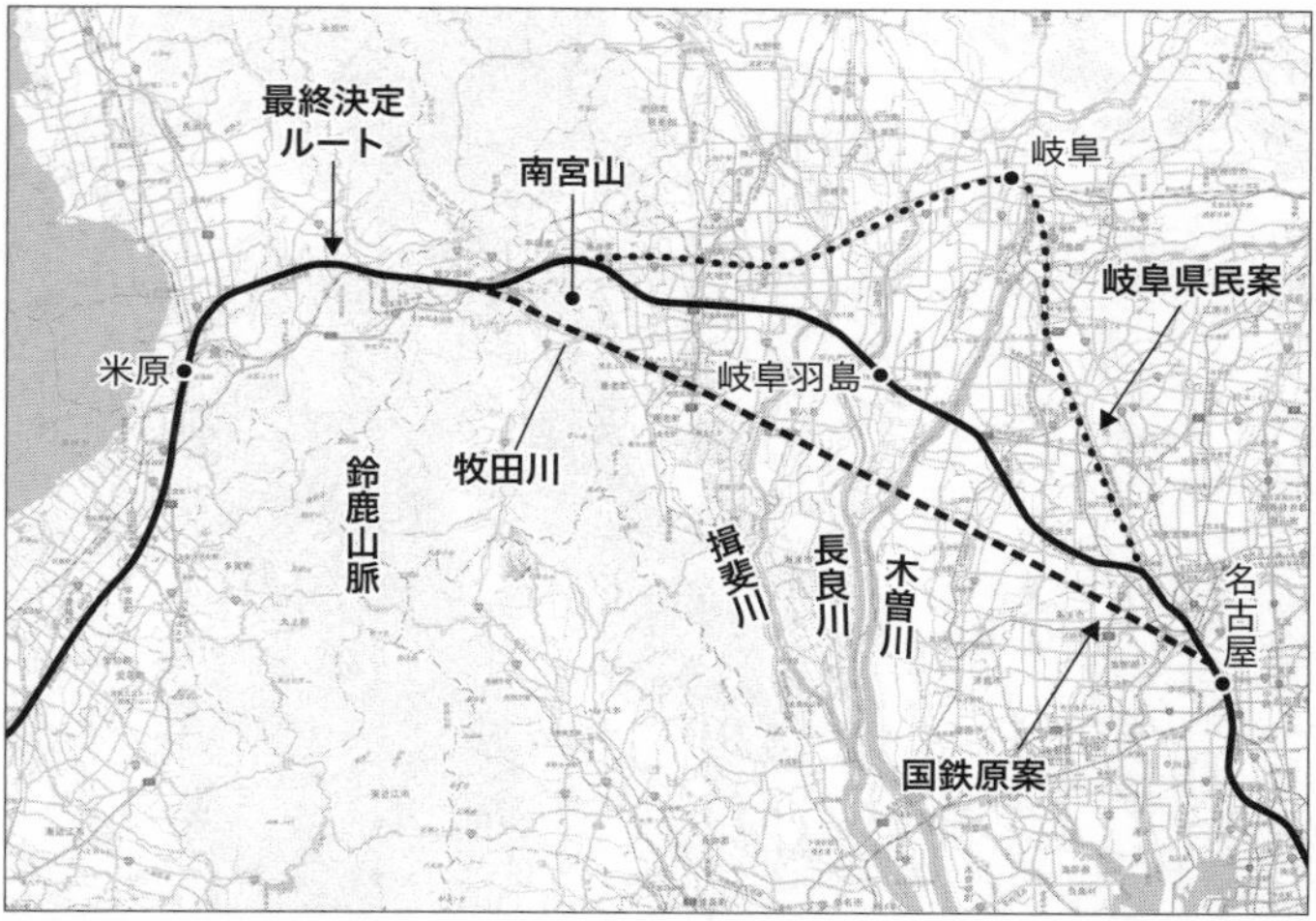

激論となった濃尾平野のルート（地理院地図に加筆）

遠回りになってしまい、人口密集地の通過も増えるため、応じるわけにはいかなかった。

国鉄原案にも問題があった。まず、牧田川沿いの谷はすでに名神高速道路が通ることが決まっていた。狭い谷を、高速道路と新幹線の両方が通るのは難しい。そして、名古屋から揖斐《いび》川までの濃尾平野も、地質調査を行った結果地盤が非常に軟弱であることが判明した。木曽川、長良川、揖斐川といった大河川が多数流れる濃尾平野は、どこを通っても地質に問題を抱えていた。

1959年11月、少しでも地質がましなところを通れるよう、国鉄原案よりも全体に北寄りに修正された「国鉄正式案」が発表された。牧田通過は取りやめ、南宮山を挟んで北側の垂井を通るルートで、ほぼ現在の東海道新幹線のルートに近い。このルートは、大垣市内から関ケ原までの勾配がきつくなる、美濃国一之宮である南宮大社の境内をかすめるといった問題があったが、大河川を他の道路と並行して渡れるなどメリットが多かった。そしてこの時、それまで発表されていた九つの途中駅に加えて、岐阜県羽島市に十番目の途中駅「岐阜県駅」が設置されることが発表された。現在の岐阜羽島駅だ。

――「政治駅」と誤解された岐阜羽島駅

この発表は、世間を大いに賑わした。マスコミは、ルートが岐阜寄りに移動し、予定になかった「岐阜県駅」が、当時人口4万人だった羽島市の水田地帯に設置される点に注目。自民党元副総裁で岐阜県出身の大野伴睦《ばんぼく》によって強引に設定された「政治駅」だと批判した。国鉄が、最初の国鉄原案で測量を開始し、想定ルートの中心に杭打ちまで行っていたことも誤解を広めた。「測量まで始めた後にルートを変えたのは、政治的圧力があったからに違いない」というわけだ。実際にはこの測量は、世界銀行から建設費用の融資を受けるため、建設が順調に進行しているというアピールに過ぎなかった。

一方、岐阜県や岐阜市の関係者は、「岐阜県駅」を含む国鉄正式案は岐阜県民案からほど遠いと猛反発。濃尾平野はどこを通っても地質が悪いのだから、平野の北端に位置する岐阜市を経由した方が、経済的にも工期的にもメリットがあると主張した。そうかと思えば、今度は岐阜駅を経由する場合に通過することになる愛知県一宮市などは岐阜県民案に反対するなど、事態は泥沼の様相を呈していく。愛知・岐阜の自治体の多くは、測量のための土地への立ち入りを認めず、国鉄は航空測量だけで準備を進めざるを得なかった。

結局、名古屋〜関ケ原間のルートが運輸大臣に認可されて決定したのは開業まで残り3年を切った1961（昭和36）年10月18日。この時、ようやく東京〜新大阪間の全ルートが決定した。その後もさらに地元との交渉が長引き、愛知県尾西市（現・一宮市）内に残った最後の区間が着工したのは1962（昭和37）年8月のこと。すでに神奈川県ではモデル線での試運転が始まっていた時期で、他の工区に比べ2年以上も遅れていた。濃尾平野の区間は、この時から全線で試運転が開始された1964（昭和39）年7月まで、わずか2年足らずの突貫工事で建設されていった。

岐阜羽島駅前の大野伴睦夫妻像

東海道新幹線は、今では考えられないほどのスピード工事で建設されたのである。

!?

新幹線の京都駅になるはずだった!? 奈良線稲荷駅

壮大な吹き抜け構造の駅舎がある京都駅は、京都の表玄関だ。

だが、東海道新幹線は元々京都駅は通らない公算が高かった。京都付近のルートは、在来線京都駅を経由するルートを含め3種類が検討され、京都駅を通らない「京都南案」が有力だったからだ。

これは、大津市内の瀬田川を渡ったらそのまま西へ直進、現在の新十条通り・稲荷山トンネルとほぼ同じルートをたどって、奈良線稲荷駅の北側に京都新駅を設けるというルート。稲荷駅を400メートル移転して接続駅とし、京都駅まで所要6分のシャトル列車を運行する構想だった。距離が短く、市街地を避けられるので土地の取得も容易。在来線にも接続できて、コスト面でも工期面でも有利だった。

もう一つの案が「京都北案」で、これは京都市街の中心である五条大通りの地下に新駅を設けるというものだ。市街中心部に直結でき、公道の地下を通すため土地取得の心配がなかった。しかし在来線に接続しないうえコストや工期は不利で、駅前広場も十分に取れ

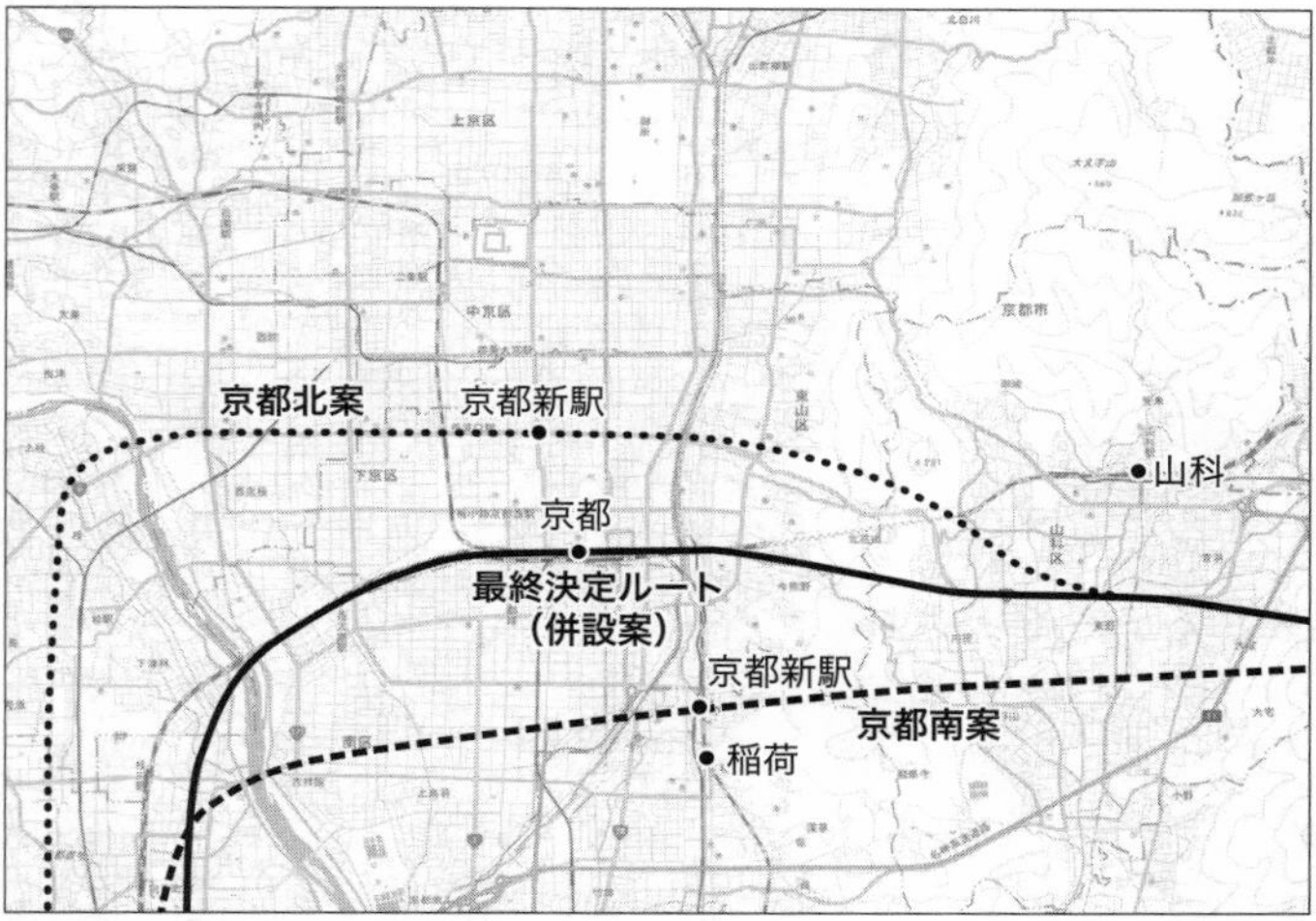

京都南案が有力だった（地理院地図に加筆）

ないという弱点があった。

従来の京都駅に併設するという案は、鉄道サービスとしては最も便利だが、旧市街を通過するため土地の取得が困難という点が最大の問題だった。

国鉄としては、いちばん無難な京都南案に一度は傾いた。しかし、地元の京都市が京都駅併設を強く希望し、「土地取得にも全面的に協力する」と申し出たことが決め手となって、1960（昭和35）年4月、国鉄常務理事会で京都駅併設案が決定した。

新幹線駅になりかけた奈良線稲荷駅は、1921（大正10）年まで東海道本線の駅だった。1935（昭和10）年竣工の木造駅舎の横には、現存する国鉄最古のランプ小屋が保存されている。

「先行開業」した新幹線③

大山崎付近

新幹線の線路を、あの電車が走った!?

京都～新大阪間の大山崎付近も、「先行開業」した区間だ。下り列車では名神高速道路の大山崎ジャンクションの先から、上り列車なら左にイオン高槻店が見えてきたあたりから、E席側に阪急電鉄京都線が近づき、約3・8キロにわたって並走する。

ここは、新幹線の建設と同時に阪急も高架化された区間。新幹線建設→阪急高架線建設の順で施工されたため、阪急側の施工が行われた1963（昭和38）年5月から12月まで、阪急電車は先に完成した新幹線の線路を走ったのである。阪急は新幹線と同じ標準軌。阪急電車は、新幹線用に敷設されたレールの上をそのまま走ることができた。

では、新幹線と阪急はなぜこの区間で並走しているのか。その秘密は、大山崎付近の地形にある。大山崎は、北から天王山、淀川、そして石清水八幡宮がある男山が密集する狭あいな谷だ。古来、西国から京都へ向かう際には必ず通る場所であり、石田三成と羽柴秀吉が激突した、山崎の戦いの古戦場でもある。

東海道新幹線のルートが検討された1959（昭和34）年当時、このあたりにはすでに

阪急京都線大山崎駅では新幹線を大迫力で見られる

西国街道、東海道本線、阪急京都線、国道171号、京阪電鉄といった主要交通機関が集中していた。しかも、天王山に降る雨が河川や地下水となって淀川に流れ込むため、付近一帯は湿地帯となって極めて地盤が弱い。やむを得ず阪急と産業道路の間を「強行突破」することになったが、ここに新幹線を建設すれば、地盤沈下が発生して阪急の路盤に悪影響を及ぼす恐れがあった。そこで、阪急も同時に高架化して、路盤強化を図ることになったのだ。阪急の高架化事業費のうち、新幹線との共同化によって増えた8600万円は、国鉄が負担した。
　天王山から流れる清水は、世界に冠たるサントリーウイスキーを育んだが、同時に新幹線の建設を苦しめる水でもあった。

駅弁コラム

東海道新幹線弁当

あまりの人気に
定番弁当に
昇格！

東京駅・品川駅・新横浜駅・名古屋駅・京都駅・新大阪駅　車内販売

1000円
ジェイアール東海パッセンジャーズ

2014年（平成26）に発売された「東海道新幹線50周年記念弁当」がルーツ。東京の深川めし・穴子蒲焼き、静岡の黒はんぺん、名古屋の味噌カツ・エビフライ、関西の芋タコ南瓜など、沿線の名物料理がふんだんに詰まっている。当初は期間限定商品だったが、人気が爆発し今では車内販売でも扱う定番商品だ。2020年は期間限定で「ありがとう東海道新幹線700系弁当」に。ジェイアール東海パッセンジャーズの駅弁には、「30品目以上にぎわい弁当」など、ライバル社を意識したのではないかと思わせるメニューもある。ユニークなのは「深川めし」で、全く同じ名前の駅弁をJR東日本系列のNRE大増《だいます》も販売している。元は両社が同じ日本食堂だった名残だ。現在ではレシピが微妙に異なる。

※価格は2020年1月現在

第2章

東海道新幹線と鉄道の謎

!?

新幹線のすぐ横に見える廃線跡が首都圏のゲートウェイに変貌!?

浜松町駅付近から、A席側の窓のすぐ横に、在来線の線路が現れる。だが、線路には雑草が生い茂り、とても列車が走っているようには見えない。

この線路は、1973（昭和48）年10月1日に開業した東海道貨物線だ。今の汐留シオサイトの位置にあった汐留駅から、大井埠頭の東京貨物ターミナル、京急大師線小島新田駅近くの川崎貨物駅、鶴見線浜川崎駅などを経て、鶴見駅の手前で東海道本線に合流する貨物線である。「大井ふ頭」と「汐留」の頭文字をとって「大汐《おおしお》線」という通称もある。だが、新幹線の車内から見える汐留〜東京貨物ターミナル間は、1986（昭和61）年以降、使用されていない。

――わずか13年の命だった貨物専用線

汐留駅は、1872（明治5）年に日本最初の鉄道が開業した時、新橋駅として開業した駅だ。1914（大正3）年に東京駅が開業すると貨物専用駅となって汐留駅と改称した。以来、日本最大の物流拠点として日本経済を支えてきたが、やがて東海道本線の輸送力が限界に達すると、旅客列車と貨物列車のルートを分離する必要が生じた。また、都心に位置する汐留駅は手狭で、トラックと連携する新しい貨物輸送形態であるコンテナ輸送にはほとんど対応できなかった。

そこで、1960年代から埋め立てが進められていた大井ふ頭に、コンテナ用の拠点である東京貨物ターミナルが建設された。汐留からの貨物列車はすべてこちらを経由することになり、汐留〜東京貨物ターミナル〜塩浜（現在の川崎貨物駅）

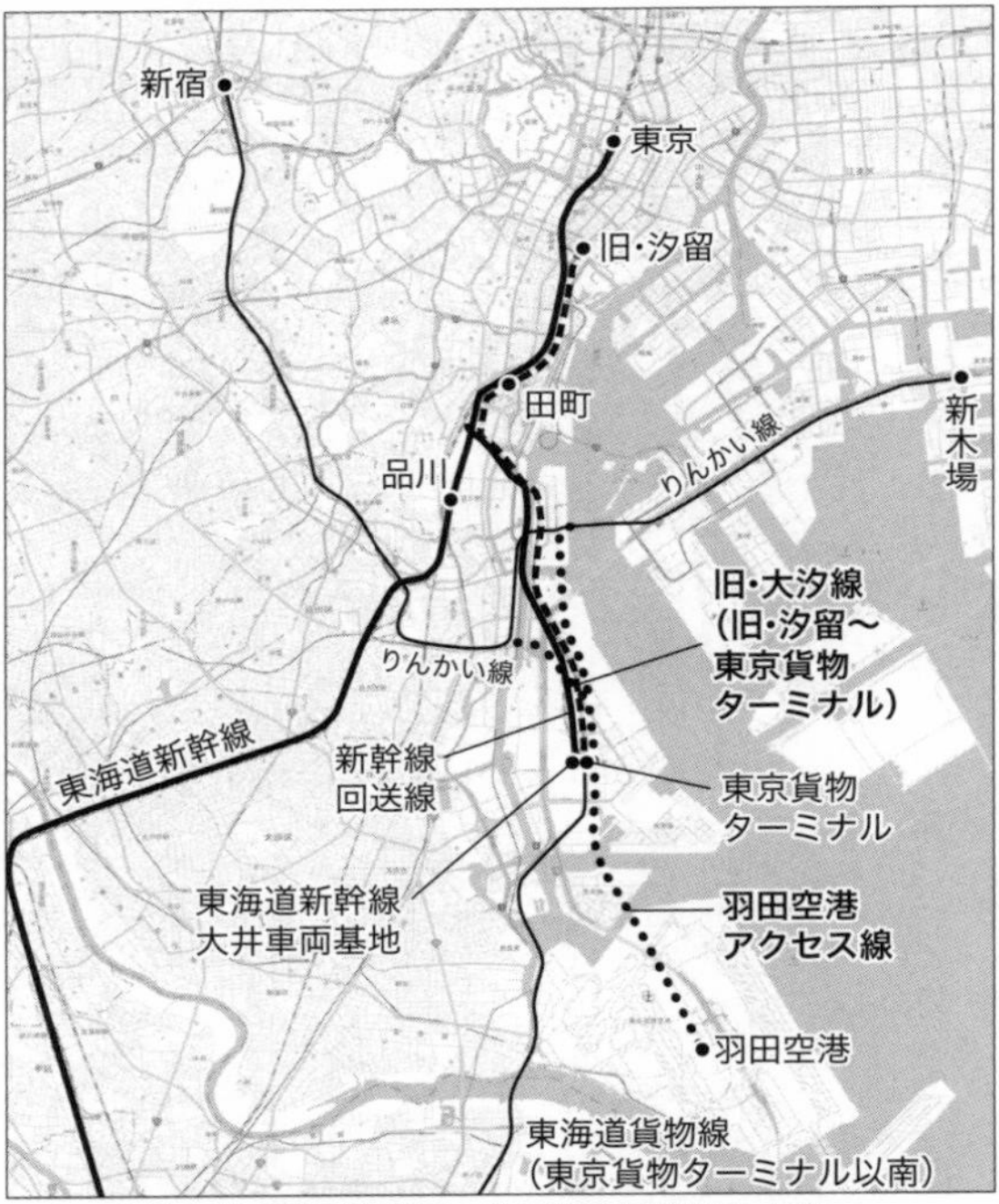

いよいよ動き出す羽田空港アクセス線（地理院地図に加筆）

～鶴見という貨物専用ルートが完成した。同時に、東京貨物ターミナルの隣に東海道新幹線の車両基地も建設されている。新幹線の車両基地は開業以来品川にあったが、他に適地がなくやむを得ず設置されたもので、非常に狭く、とても間に合わなくなっていた。

だが、まもなく物流の主役はトラックに移行し、鉄道貨物は衰退の道をたどる。鉄道貨物輸送はコンテナ輸送が主体となり、1986（昭和61）年、汐留駅は廃止された。この時、汐留～東京貨物ターミナル間も休止となり、事実上の廃線となったのである。大汐線は、わずか13年しか使われない悲運の路線だった。

その後、汐留の再開発に伴って、汐留～浜松町間の線路は完全に撤去された。浜松町駅は、1990年代に自家用車を積み込んだ貨車とドライバーを乗せた寝台車を併結して運行する「カートレイン」の発着場として使われたものの、現在はあちこちで線路が撤去され、列車が走れる状況にはない。

――実現へ向けて動き出した羽田空港アクセス線構想

すっかり「廃線跡」となってしまった大汐線だが、この敷地を活用して、再び旅客線として甦らせる計画がある。それが、「羽田空港アクセス線」構想だ。これは、三つのルートで都心と羽田空港を鉄道で直結するもので、「東山手ルート」は、東京～東京貨物ターミナル間の大汐線を復活、東京貨物ターミナルから約5・7キロの新線を建設して、東京〜羽田空港間に空港アクセス鉄道を走らせるというものだ。さらに、東京貨物ターミナルの隣に車両基地を持つ東京臨海高速鉄道りんかい線を活用して、大崎や新宿に結ぶ「西山手ルート」、東京テレポート、新木場などにつなぐ「臨海部ルート」も整備する。完成すれば、羽田空港は飛躍的に便利になるだろう。

この構想が持ち上がったのは、東京オリンピック・パラリンピックの開催が決まった直後の2014（平成26）年8月のことだった。この時は、空港近くに暫定駅を設けて、オリ・パラまでに仮開業させるというアイディアだったが、約3200億円という巨額の建設費が必要で、一度は断念されたかと思われていた。

5年後の2019（平成31）年2月、JR東日本は大汐線跡を活用する「東山手ルート」について、建設が環境に与える影響を予測・評価する環境影響評価手続きを開始すると発表した。これは新路線の建設にあたって必要な法的手続きで、JRが本気で羽田空港アクセス線の建設に取り組むことを意味する。開業は2029年頃を予定しており、もし実現すれば東京駅から羽田空港までが乗換なしの18分程度で結ばれることになる。

今は草むした廃線跡が、首都・東京への新しいゲートウェイに生まれ変わるか、注目されている。

!?

枯れた技術で工期を短縮

東海道新幹線の標準仕様となったワーレントラス橋

新富士〜静岡間の富士川橋梁は、富士山がよく見える車窓スポットの一つとしても有名だ。全長1373メートルで、東海道新幹線で最も長い橋梁であり、1982（昭和57）年に東北新幹線が開業するまでは、日本一長い鉄道橋でもあった。

富士川橋梁は、ワーレントラス橋と呼ばれるタイプの橋梁だ。東京〜新大阪間には約1500もの鋼橋（鉄橋）があり、このうち200あまりが河川を渡る橋梁だ。そして、代表的な13カ所の橋梁で、ワーレントラス橋が採用されている。明治時代から使われている技術で鋼材が少なく済み、見た目にもシンプルで美しい。大型橋梁の設計を確実な技術で標準化し、コストと工期の圧縮を図って「工期5年」を実現させようとしたのである。

ワーレントラス橋は、桁部分に鋼材を逆W字状、つまり逆三角形を並べる形に配置した橋梁だ。三角形は、外部からの力に強い特性を備えている。紙で作った四角い筒と三角の筒を思い浮かべてみよう。四角い筒は、横から押すと簡単に形が変わってしまうが、三角の筒は、各辺が支え棒のような働きをして、どの方向から力を加えてもなかなか形が変わ

富士川橋梁＋富士山＋新幹線は東海道新幹線を象徴する風景

らない。この特性を橋桁の強度に活かしたのがトラス橋だ。ワーレントラス橋の場合、橋の中心から端に向けて下がる斜材が内側に押し込む力を、同じく端に向けて上がる斜材が引っ張る力を支えている。

ワーレントラス橋は、鉄道橋として古い歴史を持っている。現存最古の鉄道橋であるＪＲ左沢線・山形鉄道フラワー長井線の最上川橋梁（明治20年に東海道本線木曽川橋梁として建設された橋桁を移設したもの）や、愛知県の博物館明治村と三島市のＪＲ東海総合研修センターに保存されている、１８７７（明治10）年竣工の旧六郷川鉄橋もワーレントラス橋の一種だ。明治時代から培われた〝枯れた技術〟が、東海道新幹線の迅速な建設に役立てられているのである。

大井川周辺には、もう一つの新幹線実験線があった！

日本坂トンネルと大井川の間には、約7キロの直線区間がある。このあたりは、大井川が運んだ土砂が作った扇状地で、志太《しだ》平野と呼ばれる。同じ大井川が作った地形でも、西側の牧之原台地が標高差の大きい険しい地形であるのに対し、志太平野は高低差のほとんどない広大な平野だ。新幹線は焼津付近で東海道本線と交差するが、在来線もここから大井川手前の島田駅付近まで、約10キロにわたってほぼ直線である。

1959（昭和34）年7月、この直線区間を含む藤枝～金谷間の上り線で、当時国鉄最新鋭の電車だった「こだま」用20系電車（後の151／181系）を使って高速度走行試験が行われた。

国鉄は、これより2年前の1957（昭和32）年9月27日にも、これに近い高速度走行試験を行っていた。当時最新鋭の特急型車両だった小田急電鉄ロマンスカー3000形SE車を借り受け、東海道本線藤沢～平塚間と函南～沼津間で試験を行ったものだ。骨組みの代わりに外板に応力を持たせるモノコック構造をはじめ、航空機の技術を取り入れると

六合駅の駅前に展示されている高速度走行試験の案内板

いう新しい設計思想で製造されたSE車の走行試験であると同時に、それまで長距離高速列車といえば客車列車が当たり前だった国鉄が、電車の優位性、将来性を確認する試験でもあった。この試験では、函南～沼津間で狭軌鉄道としては当時世界最高となる時速145キロを記録。この時に得られた結果と自信が、東海道新幹線実現への一つの契機となった。

20系による試験が行われたのは、東海道新幹線の起工式が新丹那トンネルで行われてから3カ月という時期だ。いよいよ世界初の高速鉄道を建設するにあたり、高速走行によって車両や線路、架線などがどのような影響を受けるのかを調査する試験だった。

——新幹線量産化のために専用線を敷いて実験

走行試験実施にあたり、試験区間の線路は継ぎ目のないロングレールに、枕木はコンクリート枕木に交換された。試験車両は、8両編成のうちモーターのない中間車2両を除いた6両に組み替えられ、車輪とレールの状況を調査するさまざまな機器類が搭載された。車輪の、レールに当たる踏面の角度も細かく調整され、沿線にも、列車が高速で通過した時の風圧や、レール、橋梁などにかかる負荷などを測定する機械が取り付けられた。こうした基礎的な試験が、建設工事の開始後に行われているというのが興味深い。作りながら、本当に実現可能か確認する。まさに「走りながら考える」を地で行く試験だった。

走行試験は、7月27日からスタート。時速70キロから始めて、徐々に速度を上げていった。ところが、時速115キロを超えたあたりで、車軸がレール上で激しく振動する「蛇行動」と呼ばれる現象が発生。翌28日にいったん試験を中止し、試験編成は東京の大井工場に回送された。一部の車輪が、営業運転のままの状態で、レールに接する踏面がきれいに削正（表面を削って滑らかにすること）されていなかったためだった。

当初、30日まで行われる予定だった走行試験は、29・30日と中止され、予備日だった31日にようやく再開された。そして、この日五回目の試験走行で、大井川橋梁の西側から発車した試験車両は順調に加速し、東京起点２０２・５キロ地点付近で時速１６３キロを記録。当時の狭軌世界最高記録を更新した。

試験の結果、十分に整備された線路と車輪を用いれば、加速・減速・乗り心地とも国鉄の予想を上回る性能を発揮できることがわかった。この結果は、東海道新幹線の開発に十分活かされることになる。試験後しばらく、試験編成には「１６３km」と書かれたプレートが取り付けられた。現在このプレートは、さいたま市の鉄道博物館に展示されている。

そして、さらに翌１９６０（昭和35）年11月、同じく東海道本線藤枝～金谷間で、20系から改称した１５１系電車と、クモヤ93形架線試験車による三度目の高速度走行試験が行われた。今度は、東海道新幹線の地上設備の設計・量産化に必要なデータの収集が目的で、上り線の隣に新幹線を想定した構造の専用軌道を敷設して走行試験を行った。いわば、鴨宮モデル線（p28）の前身だ。その結果、11月21日にクモヤ93形が時速１７５キロを記録し、また東海道新幹線は開業へ大きく前進した。

東海道本線六合《ろくごう》駅には、この時の時速１７５キロ達成を記念する碑があり、六合～藤枝間には今も高速試験線の跡地の一部が上り線の隣に残っている。新幹線に乗って、下りは日本坂トンネルを抜けたら、上りは大井川を渡ったら、この平野で新幹線の高速走行技術が培われたことを思い出してみよう。

東海道新幹線と立体交差していた軽便鉄道があった

東海道新幹線は、東京～新大阪間５１５・４キロで、18社32路線の私鉄・第三セクターと立体交差している（地下鉄と貨物専用線は除く）が、かつては新幹線と交差しながら、今は廃止されてしまった路線が二つある。

その一つが、静岡鉄道駿遠《すんえん》線だ。現在の静岡県藤枝市にあった大手駅から、東海道本線藤枝駅前の新藤枝駅、御前崎付近を経由して、東海道本線袋井駅前の新袋井駅までを結んでいた。

軽便鉄道とは、一般に線路幅７６２ミリ以下の特殊狭軌を用いた低規格の鉄道で、大正時代から昭和初期にかけて、需要が小さく普通鉄道を建設できない地方などで普及した。だが、軽便鉄道は輸送力が小さく、戦前の時点ですでに斜陽化が始まっていた。ある程度成功した路線は、通常の鉄道と同じ狭軌（線路幅１０６７ミリ）に改められ、そうでない路線は戦後になると次々と廃止されていった。現在は、三重県の四日市あすなろう鉄道と三《さん》岐《ぎ》鉄道北勢《ほくせい》線、富山県の黒部峡谷鉄道などごく一部の路線を残すのみだ。

静岡鉄道駿遠線は、１９４８（昭和23）年に全通した路線で、全長64・6キロという軽便鉄道として全国一の規模を誇った。東海道新幹線とは、現在の静岡～掛川間の藤枝市内と、掛川～浜松間の袋井市内で二度交差しており、東海道新幹線と立体交差する唯一の軽便鉄道でもあった。

駿遠線と東海道新幹線には、意外な因縁がある。駿遠線は、新幹線が開業する５日前の１９６４年９月26日限りで大手～新藤枝間３・９キロと堀野新田～新三俣間13・１キロが廃止となり、やがて１９７０（昭和45）年７月31日限りで全線廃止となるのだが、駿遠線廃止の背景には東海道新幹線の建設があった。

――東海道新幹線によって延伸・改軌を断念

駿遠線は、藤枝側の藤相《とうそう》鉄道と袋井側の中遠《ちゅうえん》鉄道が１９４３（昭和18）年に静岡電気鉄道と戦時統合して「静岡鉄道」となった。戦後の１９４８年に、両路線が接続されて駿遠線となったのだが、この時線路幅を狭軌に改軌して線路を延伸し、静岡市内の静岡清水線につなげる構想があった。その鍵となったのが、大崩海岸の東海道本線旧石部トンネル・磯浜トンネルだ。当時、東海道本線は弾丸列車計画（ｐ10）によって建設された日本坂トンネル（ｐ36）に移設されており、大崩海岸沿いの石部トンネルと磯浜トンネルは道路として使われていた。このトンネルを活用し、大井川付近から分岐して、石部・磯浜トンネル、静岡駅南口を経由して、静岡清水線の運動場前駅（現・県総合運動場駅）につなげるという計画だった。駿遠線の利用者には、藤枝駅で東海道本線に乗り換えて静岡方面へ通勤していた人も多かったため、もし実現していれば、駿遠線はもっと長生きしていたかもしれない。

だが、この計画の実現を止めたのは、東海道新幹線だった。1959（昭和34）年、東海道新幹線の建設が決まり、日本坂トンネルが新幹線に使用されることになったため、旧石部・磯浜トンネルは在来線が再利用することになったのだ。大崩海岸を通過するルートを失った静岡鉄道は、市内への延伸を断念せざるを得なかった。

静岡鉄道駿遠線と東海道新幹線の立体交差は、袋井側が1967（昭和42）年8月27日限り、藤枝側は駿遠線が全線廃止となった1970年7月31日限りで廃止された。どちらも今は道路との立体交差として現存しているが、軽便鉄道時代の面影は全くない。

――新幹線連絡路線の建設で利便性を失った名鉄竹鼻線

もう一つの廃止路線は、名古屋～岐阜羽島間で交差していた名古屋鉄道竹鼻《たけはな》線だ。こちらの廃止は2001（平成13）年9月30日限り。竹鼻線は岐阜県の笠松駅と大須駅を結ぶ

藤枝市内の駿遠線廃線跡。ここを軽便鉄道が走っていた

17・0キロの路線だったが、そのうちの江《え》吉良《ぎら》〜大須間6・7キロが廃止された。

名鉄竹鼻線は、長良川の水運に頼っていた竹ヶ鼻町（現・羽島市）の人々が設立した竹鼻鉄道が前身だ。1982（昭和57）年には、竹鼻線江吉良駅から分岐して東海道新幹線岐阜羽島駅に接続する新羽島駅までの名鉄羽島線が開業、新岐阜駅から、竹鼻線を経由して新羽島駅までの直通運転が行われた。これによって竹鼻線の末端部分は羽島市役所前〜大須間の区間運転が中心となってしまい、利用者が激減。江吉良〜大須間が廃止されてしまった。残った笠松〜江吉良間は、羽島線と一体化して運行され、岐阜羽島駅へのアクセス路線となっているが、地元の通勤通学利用が中心だ。

実現可能？　不可能？

東海道新幹線新駅の謎

東京駅から新大阪駅まで、東海道新幹線には17の駅があるが、実は18番目となるはずだった駅がある。米原～京都間に開業予定だった、「南びわ湖駅」だ。米原～京都間は東海道新幹線の駅間距離で最も長い68・1キロあり、琵琶湖の南側の人々が新幹線を利用しにくい状況にあった。そこで滋賀県栗東《りっとう》市の、ＪＲ草津線との交差部近くに新駅「南びわ湖駅」が計画され、２００６（平成18）年6月に着工した。総事業費は約２８０億円で、２０１２（平成24）年度の開業を予定していた。ところが、「ひかり」「こだま」しか停車しないのなら、京都駅や米原駅を利用すれば十分で、税金の無駄遣いであるという批判が高まり、着工翌年の２００７（平成19）年に滋賀県知事選挙で建設凍結派の嘉田由紀子氏が当選。計画は中止となった。

その後、リニア中央新幹線の建設が具体化すると、リニア開業後は新幹線のダイヤに余裕ができるので、やはり南びわ湖駅は建設するべきではないかという意見も出たが、ＪＲは「終わった話」として取り合わなかった。現在、予定地にはソーラー電池の工場やドラ

観光客からの人気も高い富士山静岡空港。この真下を新幹線が通る

ッグストアが建設され、新駅復活の見込みはほぼない。税金の適切な使用と将来を見据えた投資という、住民の選択が問われた出来事だった。

静岡空港新駅を諦めない静岡県

幻と消えた南びわ湖駅。もう、東海道新幹線に新しい駅は作られないのだろうか。

ＪＲ東海は、現在のダイヤを維持するためこれ以上の駅増設は考えていないとしているが、沿線にはいくつか新駅の構想がある。

その一つが、静岡〜掛川間の「静岡空港新駅」だ。静岡空港は、２００９（平成21）年に、静岡県の牧之原市と島田市にまたがる牧之原台地上に開港した空港で、「富士山静岡空港」の愛称で知られる。ターミナルから富士山がよく見えることで知られ、近年は中国を中心としたインバウンド（訪日観光客）に人気だ。

東海道新幹線は、静岡空港の直下を通過している。下り列車で大井川を渡った先の、第一高尾山トンネル。その真上に静岡空港の滑走路がある。静岡空港新駅は、このトンネルの西側出口付近に、全国唯一となる空港ターミナル直結の新幹線駅を設置する構想だ。

メリットは、いくつもある。静岡空港が新幹線に直結すれば、東京や名古屋まで1時間程度でアクセスでき、混雑が激しい羽田空港や中部国際空港を補完する役割を果たせる。インバウンドのさらなる誘致にも効果的だ。静岡を中心とした観光コースが組みやすくなり、新幹線にとってもリニア開業後の新たな需要を掘り起こせる……。

だが、ハードルは極めて高い。当のJR東海が2000（平成12）年以来、静岡空港新駅を一貫して否定している。静岡空港新駅の予定地は掛川駅から15キロしか離れておらず、「こだま」が加減速を繰り返している間に後続列車が追いついてしまい、現在のダイヤを維持できなくなってしまうからだ。また、静岡空港の利用者数は、2018年度で71万人（空港から搭乗した人数）。1日平均2000人にも満たない。東海道新幹線で最も利用者が少ない岐阜羽島駅の1日平均乗車人員は約2900人（2017年度）。すべての搭乗者が新幹線を利用したとしても岐阜羽島駅より少ないのだ。

JR東海は完全否定を繰り返しており、取り付く島もないという状況だが、静岡県は毎年500万円の新駅設置調査費を確保して、新駅実現を諦めていない。

――実現するかも？ 相模新駅

もう一つ、新駅構想がある。新横浜〜小田原間の「相模新駅」だ。これは、神奈川県寒川市のJR相模線倉見駅付近に新駅を設置するというもの。すぐ横を流れる相模川沿いに圏央道（首都圏中央連絡自動車道）が通り、新東名高速道路の起点である海老名南ジャンクションも近い。一帯には、平塚市と共同で新都市「ツインシティ」を整備する計画があり、東海道新幹線「相模新駅」を軸とした、神奈川県中部に新しい都市を育成しようという計画だ。また、相模線の終着駅である橋本駅付近には、リニア中央新幹線の「神奈川県駅」の設置が決まっている。相模線を通じて、リニア中央新幹線と東海道本線を接続できれば、鉄道、自動車の両面で交通至便な新地域が生まれるというわけだ。

JR東海は、相模新駅についても静岡空港新駅と同様、「現時点での実現は極めて困難」としているが、一方で「中央新幹線が開業し、東海道新幹線のダイヤ構成に余裕が生まれれば、新駅設置の余地が高まると考えている」と将来に含みを持たせている。もしかすると、将来、東海道新幹線に18番目の駅が誕生するかもしれない。

!?

東海道新幹線とは異なる道をたどった南方貨物線

下り列車が名古屋に近づき、笠寺を過ぎると、E席側に高架線の「切れ端」が見える。数秒後、今度はA席側に作りかけのような高架線が現れ、約2キロにわたって並走する。これは、かつて国鉄が建設し、完成目前で放棄された南方貨物線だ。この貨物線は、東海道新幹線とよく似た背景を持つ、いわば兄弟のような路線だったが、新幹線とは逆の運命をたどり、ついに日の目を見ることができなかった。

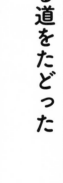

——新幹線が優先されなかなか進まなかった建設

南方貨物線が最初に構想されたのは、弾丸列車計画（p10）と同じ1939（昭和14）年頃のことだ。当時、日中戦争によって東海道本線の物流が激増し、中京地区の貨物拠点である稲沢操車場の処理能力が限界に達していた。そこで、名古屋周辺の新しい操車場として、名古屋市八田付近が有力な候補となった。現在の名古屋貨物ターミナルだ。予定ルートの測量も開始されたが、太平洋戦争の激化によって建設の目処が立たなくなり、弾丸列

新幹線の車窓から見える南方貨物線の遺構。撤去するにも莫大なコストがかかる

車計画と同様中止された。

戦後まもなく南方貨物線計画は復活したが、東海道本線の復興が優先され、なかなか進展しなかった。ルートがようやく定まってきたのは、昭和30年代に入ってからだ。大府駅から笠寺駅まで東海道本線と並走、東海道本線と別れると堀川を渡り、運河沿いを西に進んで開通済みだった西名古屋港線（現在のあおなみ線）につなぐというもの。貨物列車は、名古屋周辺の旅客線を避けて、八田（名古屋貨物ターミナル）、笹島駅、そして稲沢操車場という三つの貨物駅に発着できる。完成すれば、増え続ける貨物需要を支えることができる、と国鉄は考えた。

そこへ登場したのが、東海道新幹線計画だった。新幹線の建設は国策となり、南方貨物線はまたも後回しにされてしまう。建設を急ぐ新幹線は、笠寺から堀川まで南方貨物線の予定ルートを活用することになった。

——新幹線の負の部分をともに背負わされる

ようやく南方貨物線の建設が始まったのは、1967（昭和42）年のことだ。5年後の1972（昭和47）年の開業を目指したが、この間国鉄貨物はトラックに見る見るシェアを奪われ、貨物線を建設する意義は失われていった。

追い打ちをかけるように、1974（昭和49）年、名古屋新幹線公害訴訟が始まる。名古屋市の住民たちが、新幹線によって騒音・振動の公害を被ったとして、国鉄を相手取り、新幹線の運行差し止めと慰謝料を求める損害賠償請求を提訴したのだ。問題の区間には南方貨物線との並走区間が含まれ、南方貨物線の建設は凍結に追い込まれた。当時の新幹線が抱えていた負の部分を、南方貨物線も背負わされることになったのだ。

この裁判は最高裁まで争われたが、南方貨物線については1979（昭和54）年12月に国鉄が公害防止対策を示すことで住民と合意が成立し、翌年工事を再開した。1980（昭和55）年には、コンテナ輸送の基地として名古屋貨物ターミナルが開業。1983（昭和58）年までにほとんどの区間が完成した。

だが、その頃には国鉄は事実上の破たん状態に陥っていた。1982（昭和57）年9月、政府は国鉄の新たな設備投資を凍結する閣議決定を行い、南方貨物線は完成を目前に再び工事がストップ。二度と再開されることはなかった。

その後、何度か南方貨物線の復活や旅客化が検討されたが、いずれも採算性が低いとして見送られた。東京方面から来た列車はいったん稲沢駅まで来た後、進行方向を変えて名古屋貨物ターミナルに向かわなくてはならない状態が続いている。

幻の南方貨物線（地理院地図に加筆）

南方貨物線の高架橋は、撤去に莫大な費用がかかるため、多くの区間で今も残っている。東海道新幹線と南方貨物線は、どちらも東海道の輸送力増強のために同時に計画されながら、一方は日本の大動脈に成長し、一方は一度も列車が走ることなく、遺構をさらすことになった。どちらも、日本の鉄道の歴史を背負っている。

関ケ原で新幹線を脅かすのは「雪」ではなく「氷」だった

実は世界的な豪雪地帯だった関ケ原

伊吹山地と鈴鹿山脈に挟まれた関ケ原は、濃尾平野と近江盆地との間に開いた、唯一の回廊だ。東海道新幹線を迅速に完成させるための、文字通り「突破口」にもなった。一方で、開業後の新幹線は、長年にわたり関ケ原に悩まされてきた。それは、冬の降雪だ。

冬に東海道新幹線に乗車していると、名古屋や京都では晴れていたのに、岐阜羽島〜米原間で急に天気が悪くなることがある。最近では少なくなったが、以前は冬になると米原・関ケ原付近で降雪によるダイヤ乱れが頻繁に発生していた。

関ケ原周辺は世界有数の豪雪地帯だ。関ケ原の北にそびえる伊吹山は、1927（昭和2）年2月14日に、11・82メートルという観測史上最大の積雪量を記録し、今も世界記録として認定されている。

関ケ原周辺に局地的に大雪が降る理由は、その地形にある。冬、日本海で水をたっぷり

関ケ原の雪は国鉄技術陣にとっても想定外の難敵だった

含んだ北西からの雪雲が、敦賀湾から琵琶湖北東の近江盆地に流れ込む。そして伊吹山地や鈴鹿山脈といった山にぶつかり、関ケ原の谷に吸い込まれて、大雪を降らせるのだ。関ケ原の地形が漏斗の役割を果たし、琵琶湖周辺の雪雲を集めてしまうのである。こうした雪雲は、関ケ原の谷を抜ける頃にはすっかり雪になって降ってしまい、濃尾平野には冷たい乾いた風だけが吹き下ろす。この風を、「伊吹おろし」と呼ぶ。

この冬の関ケ原特有の天候は、はるか昔から知られていた。それにも関わらず、東海道新幹線が雪に弱くなってしまったのは、1964（昭和39）年の開業を目指して、わずか5年という突貫工事で建設されたことが原因だ。関ケ原を含む豊橋〜米原間で初めて試運転が行われたのは、開業まで3カ月を切った1964年7月21日。それ以前の試運転は気候が比較的温暖な鴨宮モデル線で行われており、深刻な積雪状況での実走試験は行われなかった。国鉄は、除雪作業さえ適切に行えば、関ケ原の雪には十分対応できると考えていたのである。しかしいざ開業してみると、初年度から冬季には雪が原因と思われる車両の破損事故が相次いだ。

氷がバラストをはじき飛ばし、車両を壊す

除雪はしっかり行っているのに、なぜトラブルが相次いだのか。その原因は、高速走行にあった。それまで、鉄道における雪害とは、積もった雪が障害物となることであり、除雪車や人力による除雪作業は、列車が走れる程度に雪をどければ十分だった。あまり徹底的に行うと、除雪機器がレールやバラストに接触して、施設を傷めてしまう。軌道上には、ある程度の雪が残るのが当たり前だった。

ところが、時速200キロを超える高速走行を行うと、軌道周辺に残った雪が風圧で舞い上がり、一部床下の機械に付着する。付着した雪は、次第に固まって氷の塊となり、やがて車両の熱や振動によって落下。軌道のバラストをはじき飛ばし、床下機器や窓ガラスを破壊したのである。

着雪や、バラストの飛散を防ぐには、速度を落とすことが有効だ。そこで、新幹線は一定以上の雪が降ると、速度を落として運行するようになった。しかし、米原・関ケ原地区の降雪日数は12月〜3月のうち30日前後に及ぶ。そのたびに減速するわけにはいかない。

そこで導入されたのが、スプリンクラーだ。現在は、岐阜県大垣市から、米原駅を経て滋賀県野洲市までの68・5キロにスプリンクラーが設置されている。水を撒くことによって雪を完全に溶かすのではなく、雪を湿らせて舞い上がりにくくするのだ。ただし、むやみに水を撒くと線路下に敷かれたバラストを緩めてしまうことがあるので、撒水量は必要最低限にコントロールされている。また、初代新幹線車両である0系は、開業以来座席2列で1枚の大型窓が使われて来たが、巻き上げられたバラストで破損した時の交換が大変だった。そこで、1976（昭和51）年に製造された車両から、窓を1列1枚の小型窓に変更して、交換の手間とコストを圧縮した。

現在のN700Aは、床下機器がカバーで覆われており、騒音の低減とともに着雪対策にも効果を上げている。さらに、車輪を搭載した台車の横にカメラとライトが設置され、着雪状況を映像で確認できるようになった。岐阜羽島〜新大阪間には線路と線路の間にもカメラとライトが数カ所設置され、どれくらい雪が付着しているか、あるいはどれくらい雪が落ちたかを把握して、雪による速度規制を最低限に抑えられるよう工夫されている。

!? 日本が誇る空力研究の聖地が米原にある！

米原駅のすぐ西側、Ａ席側に3両の新幹線らしき車両が見える。ここは、公益財団法人鉄道総合技術研究所の風洞技術センター。鉄道車両の高速走行時に発生する空力騒音や空気抵抗を低減するための実験施設だ。展示されているのは、ＪＲ各社が１９９０年代にさらなる高速・低騒音化を目指して開発した実験車両たちで、ＪＲ東海３００Ｘ、ＪＲ東日本Ｓｔａｒ21、ＪＲ西日本ＷＩＮ３５０の3両がある。３００Ｘは、３００系の後継車両を研究するにあたって開発した実験車両で、鉄輪式の鉄道車両としては国内最高となる時速４４３キロを記録した。編成の前後で異なる形状を備え、ここに展示されているのは水鳥のくちばしのような「カスプ型」。もう一つの、くさび状をした「ラウンドエッジ型」は名古屋のリニア・鉄道館に展示されている。Ｓｔａｒ21は、現在のＥ２系からＥ７系に至るＪＲ東日本の新幹線車両のベースとなった車両で、ＷＩＮ３５０は今も絶大な人気を誇るＪＲ西日本５００系のプロトタイプだ。

これらの車両は、普段は非公開だが、例年10月頃に特別公開が行われている。普段も、

東海道新幹線を見つめる300X（左）、STAR21（中）、WIN350（右）

金網越しにはなるが、道路や隣の広場から観察可能だ。
車両展示場の隣には、日本を代表するレーシングカー会社である童夢の本社ファクトリーがある。こちらはエントランスが歴代レーシングカーの展示場になっており、事前にメールで連絡すれば見学が可能だ。
１９７８（昭和53）年に発表された国産スーパーカー「童夢零」や、90年代に純国産コンストラクターとしてＦ１参戦を目指した「童夢Ｆ１０５」など、こちらは自動車界の最高速を目指した歴代の車が展示されている。新幹線も童夢も、空力性能を極めて高速走行を目指した車両。かつて米原駅の広大な操車場があった敷地は、現在空力研究の聖地となっている。

見ると幸せになれる？
ドクターイエローの運行日を知る方法

今や、鉄道ファン以外にもすっかり有名になったドクターイエロー。正式には９２３形新幹線電気軌道総合試験車といい、走行しながら軌道や架線、電気機器などの状況を検査する車両だ。その運行時刻は時刻表に掲載されておらず、夜間に運行されることもあることから、目立つように警戒色のイエローに塗装されている。現在の車両は７００系をベースに開発された3代目で、７両編成２本が在籍。東海道新幹線から７００系が引退した後も、当面は現役で活躍を続ける。

各車両には、電力・通信・信号・架線・軌道といった、さまざまな検測機器が搭載されている。２・６号車には、走行用と測定用のパンタグラフが搭載されており、３・５号車にはパンタグラフと架線の状況を観察するドームもある。運転士と車掌に加え、軌道点検の技術者3人と、電気設備点検の技術者４人の合計９人が乗務し、最高時速２７０キロで走行しながら検査を行う。

鮮やかなイエローの車体と、いつ見られるかわからない偶然性から、「見られたら幸せ

米原駅を通過するドクターイエロー。この日もツイッターで情報をキャッチ

になれる」ともいわれるドクターイエロー。通常は10日に一度程度、決められた時刻で東京〜博多間を往復している。基本的には「のぞみ」に準じたダイヤだが、半年に一度程度、各駅の停車線を検査するため「こだま」のダイヤでも運行される。東海道新幹線の場合、下りは日中、上りが夜間になることが多いようだ。

ドクターイエローの運転日と運行時刻は非公開だが、大勢のファンが観察しており、インターネットで運行日の予測を見られる。また、ツイッターで「ドクターイエロー」を検索すれば、多くの人のつぶやきから前回いつ運行されたか、あるいは今どこを走っているかをだいたい把握できる。ただし情報が正しい保証はない。

駅弁コラム

港あじ鮨

自分でわさびを
すりおろす
本格的寿司駅弁

三島駅

1000円　桃中軒

2003（平成15）年発売の東海道新幹線屈指の人気駅弁。沼津の特産品である鯵を使った3種類の鯵鮨を味わえる。「にぎわい鯵鮨」は伊豆天城わさびの茎を塩漬けにしてすし飯に混ぜ、わさびの葉で巻いた寿司。「ぬまづ鯵鮨」は酢で締めた鯵に昆布だしを利かせたにぎり寿司。「鯵わい太巻き」は締めた鯵の太巻きだ。そして、最大の特徴は生わさびを自分でおろし金ですりおろすこと。新鮮なわさびの香りを楽しめる、駅弁以上の駅弁だ。

桃中軒は1891（明治24）年創業で、新橋の旧汐留駅跡からは、桃中軒の文字が書かれた明治時代の茶瓶が出土したほどの老舗だ。「富嶽 あしたか牛すき弁当」など10種類以上の駅弁を販売しており、夜には売り切れてしまうことも多い。生わさび付きの「港あじ鮨」は三島・沼津駅限定だ。

※価格は2020年1月現在

第3章

東海道新幹線 車窓の不思議

⁉ 意外に広い⁉
新幹線の車窓から富士山が見える区間

東海道新幹線から眺める車窓風景といえば、なんといっても富士山だ。富士山をバックに疾走する新幹線の姿は、ポスターなどでもお馴染みだ。では、新幹線の車内から富士山が見える区間は、どこからどこまでだろう。

東は、品川駅発車直後から見える。山手線などの在来線をまたいで高架線に上がると間もなくE席側前方に見えてくる。このあたりから山頂までの直線距離は約90キロ。関東地方と富士山との間には、２０００メートルを超える山がないので、意外に見通しがよい。新横浜～小田原間の相模平野からもよく見える。標高１２５２メートルの丹沢・大山と、箱根山地の間から、すっきり富士山を見通せるのだ。

相模平野を離れるといったん箱根山地の陰に入って見えなくなるが、新丹那トンネルを抜けて三島市内に入ると、急に近くに見えてくる。そして、新富士駅の手前がいよいよハイライトだ。富士市に入り、茶畑が広がる愛鷹《あしたか》山の陰から、まるで舞台の幕が開くように富士山がその全容を現す。富士山と富士川が作った扇状地で、山頂から新幹線の高架線ま

新横浜から10分ほどの相模平野で、これだけの富士山を鑑賞できる

で、なだらかな山の稜線が続いていることがよくわかる。「のぞみ」なら、新横浜発車から約26～27分のタイミングで、富士山を背景にした東海道新幹線の写真は、たいていこの付近で撮影されたものだ。市街に工場が増えて新富士駅を通過し、富士川を渡ると蒲原トンネルに突入して、約３分間のハイライト区間は終わる。

――西は愛知・静岡県境付近から見えてくる

では、西はどうだろう。富士山の西側の区間では、車窓から富士山を見通せる区間は多くない。上り列車は富士山に向かって走っていく形になるため、客席からは見えにくいのだ。

新大阪方面から上り列車に乗っていて最初に富士山が見えるのは、理論上豊橋の西、豊川付近とされるが、現実的には愛知県豊橋市と静岡県湖西市の県境付近だ。豊橋駅を発車／通過し、E席側に迫る小高い山地が離れていくと、前方はるか彼方に富士山が見えてくる。ちょうど、井村屋フーズや日東電工の工場が見えるあたりで、この工場を過ぎた所が愛知・静岡県境だ。ただし、山頂まで130キロあまり離れているので、冬の快晴の朝など、かなり好条件が揃わないと見えない。

その後は、浜名湖、天竜川といった広い場所で少しずつ姿を現すが、やはり相当な天気運が必要だ。掛川駅を過ぎ、牧之原台地を通過して大井川を渡るあたりから次第に大きくなってくるものの、このあたりは前述のように列車の正面に富士山があるので、客席からはほとんど見えない。

上り列車の車窓に富士山がはっきり見えてくるのは、静岡駅の手前、日本坂トンネルを抜けたあたりからだ。ただし、ここで富士山が見えるのは、3列シート側、つまり海側。安倍川を在来線とともに渡って静岡市街に入るために、ここで新幹線は2キロあまりにわたって真北に向かう。この間、約40秒にわたってA席側の前方に富士山が姿を現すのだ。この区間で見える富士山は、下り列車では左側に見えるため「左富士」と呼ばれる。元々は、江戸時代に東海道を歩いて関西に向かった時に、左側に富士山が見える場所を指した言葉で、歌川広重が浮世絵に描いた「南湖の松原左富士」と「吉原左富士」が有名だ。

新幹線唯一の「左富士」に、かつて国鉄が注目したことがある。1974（昭和49）年、新幹線に初めて本格的な食堂車が登場した当初、山側の席からは外を見ることができなかった。大型の車体を活かして山側に独立した通路が設けられたが、プライバシーを重視して通路と食堂との仕切り壁に窓が設けられなかったため、山側の景色が見えなかったのだ。「食事をしながら富士山が見えないのではないか」という疑問が寄せられ、国鉄は東海道新幹線の車窓を調査。安倍川付近で海側に見える区間があるとしたのである。しかし、左富士が見える時間はごくわずか。結局1979（昭和54）年になって山側の壁に窓を設ける改造工事を行った。

0系食堂車の通路側（写真右）に窓を追加する工事は「マウント富士計画」と呼ばれた

さて、上り列車に対して富士山が全景を見せるのは、新富士駅の手前、富士川橋梁だ。その直前まで、列車は4932メートルの蒲原トンネルを約70秒かけて通過する。長いトンネルを抜けると急に富士山が目の前に現れるので、下り列車よりも劇的だ。

なぜ風景が全然違うのか？

新横浜駅南北問題の謎

開業当時は見渡す限りの田園風景だった新横浜駅。半世紀余りが経過した今では、高層ビルやオフィスが並ぶ横浜の新都心となった。だが、ビルが建ち並ぶのは北口、つまり新幹線から見て山側ばかり。新幹線ホームが面する南側には、いまだに畑や雑木林が点在するのどかな風景となっている。駅の北側と南側で、なぜこうした違いがあるのだろう。

——買い占められた新幹線用地

新幹線の駅ができる前、後に新横浜駅となる一帯は篠原と呼ばれ、北側に広大な田園地帯、南側には丘陵地に沿って小さな集落があった。田園地帯のさらに北には鶴見川が急角度のカーブを描いて流れ、雨が降るとしばしば洪水を起こしていた。新横浜駅北側に民家がほとんどなかったのは、このあたりが水害の多い湿地帯だったためだ。

１９５９（昭和34）年頃、篠原地区に、大阪の不動産業者を名乗る男がやって来て、地権者から土地を買い取っていった。当時この地域は、水害が多い農地であるが故に地価が

とても新幹線の駅前とは思えない新横浜駅南口

安かったが、その人物は相場よりも高い価格を提示し、多くの地権者は喜んで土地を売ったという。実は、この人物は鉄道省の出身で、戦前の弾丸列車計画（p10）を詳細に知っていた。1958（昭和33）年に東海道新幹線計画が持ち上がると、そのルートは弾丸列車計画に沿ったものになるに違いないと読み、いち早く土地の買い占めに動いたのである。バックには、大手企業グループがついていたといわれる。

やがて、1961（昭和36）年に新横浜駅の設置が正式に発表された。国鉄は用地買収に乗り出したが、その頃には新横浜周辺の土地の多くは不動産ブローカーの所有地となっており、地元の人々から買い取った時よりもさらに高い値で売却された。結果的に安値で土地を買われた元地権者たちは怒ったが、どうにもならなかった。

東海道新幹線が開業すると北口の区画整理事業が始まった。これにより、該当地域の土地価格が上昇。固定資産税も高騰し、土地を持ち続けていた人たちも、多くが手放さざるを得ない状況になった。買収された土地は、多くが大手企業グループの所有となり、やがて新横浜駅周辺では大規模な区画整理が進められていった。

ようやく動き出した南口の開発計画

1985（昭和60）年、横浜市営地下鉄が新横浜駅に乗り入れ、それまで1時間に1本だった「ひかり」が2本停車するようになると、新横浜の急速な発展が始まった。横浜市は長年手つかずだった駅南側の再開発に取りかかり、翌年、区画整理事業計画が発表された。新横浜駅南側の37ヘクタールに対して、3本の幹線道路を軸に商業施設や住宅地を整備するというものだったが、住民の意見が十分反映されたものとはいえなかった。それまでの開発経緯を見て来た住民たちの一部は、区画整理事業計画に反対したのである。

1994（平成6）年、新横浜駅南部地域の都市計画が決定。「今後この地域は大規模な区画整理を行うから、勝手に建物を建ててはいけません」と、建築制限がかけられた。1997（平成9）年には、横浜市が区画整理事業の実施を正式に決定したが、反対派住民との話し合いは全く進まなかった。結局2003（平成15）年に区画整理事業は中止されてしまう。一方で都市計画決定自体は残り、建築制限はかけられたままとなった。つまり、「勝手に建物を建ててはいけません」というルールだけが残ってしまったのだ。これが、新横浜駅南側に今もビルが少ない理由である。

同じ駅でも北側はビルが並ぶオフィス街

いったん白紙に戻された区画整理事業だったが、2008（平成20）年頃から横浜市と住民の話し合いが再開された。過去の反省から地域の合意形成が重視され、駅前周辺では再開発の実務を行う事業者が選定されるなど、区画整理実現に向けた動きが進められつつある。長年未整備だった下水施設も、汚水については2019（令和元）年度にようやく整備が完了。だが、いまだ再開発に抵抗感を覚える住民も多い。

2023年度には、新横浜を経由して相模鉄道と東急東横線をつなぐ相鉄・東急直通線が開業し、新横浜は横浜と東京都心の双方に直結するジャンクションとなる。新横浜の風景はどのように変わるのだろうか。

新横浜駅周辺にラブホテルがある理由

オフィス街として格段の進歩を遂げた新横浜駅北口。しかし、よく見ると現代的なマンションやオフィスビルに混じって、ブティックホテル、いわゆるラブホテルがある。

ラブホテルのルーツは、昭和初期にあった時間貸しできる旅館「円宿」にあるといわれている。戦後繁華街に増えた「連れ込み宿」がリニューアルを繰り返し、ホテルの形態に姿を変えたのがラブホテルだ。また、高速道路の開通と同時に登場した、自動車で気軽に泊まれるアメリカ式のモーテルも、日本ではラブホテル化が進んだ。

だが、新横浜は元々田園地帯だった地域。なぜ、新横浜にラブホテルがあるのだろう。

その秘密は、国鉄の施策とオイルショックにある。

元々横浜市は、新幹線の開業とともに新横浜駅周辺を新都心として開発しようと考えていた。ところが、当時の国鉄には需要創出という発想はゼロ。新横浜は「こだま」のみ停車とされ、横浜線で横浜駅へ行くにはたいてい東神奈川駅で乗り換えが必要だった。新横浜は、新規に企業が進出するには不便すぎたのだ。

1973（昭和48）年、第一次オイルショックが発生。高度経済成長期にあった日本経済は一気に冷え込み、企業は投資を控えるようになった。この結果、新横浜駅北口には区画整理された広大な空き地にビルが点在する……という状況が生まれた。夜になると野犬が現れたという。

そこへ進出してきたのがラブホテルだった。横浜から比較的近いわりに土地が安く、夜になると人通りが少ない。新幹線の停車駅なので、遠距離に暮らす恋人同士がギリギリまで一緒に過ごせる。ラブホテルにはうってつけの立地だった。これは、岐阜羽島駅や新富士駅などには見られない現象だった。

オフィスビルの間にホテルが点在する

この状況が変わるのは、1985（昭和60）年3月のダイヤ改正からだ。横浜市営地下鉄が新横浜駅に乗り入れ、「ひかり」が30分ごとに停車するようになった。時を同じくして、日本経済はバブル景気に突入。新横浜駅周辺の開発が急速に進み、新横浜プリンスホテルや横浜アリーナが誕生するなど、北口に現在のような繁華街が成長していったのである。

新横浜はなぜラーメンの聖地となったのか

新横浜駅の改札内には、新横浜ラーメン博物館のアンテナショップがあり、各地のご当地ラーメンを購入できる。1994（平成6）年にオープンした「ラー博」は、今や横浜アリーナ、日産スタジアムと並ぶ新横浜のシンボルだ。館内では全国のラーメンが食べられる他、昭和30年代をイメージした街並みが再現され、懐かしい気分を味わえる。

そんなユニークなミュージアムが新横浜にできた理由。それは、新横浜があまりにも無機質なオフィス街だったからだ。新横浜ラーメン博物館の社長である岩岡洋志氏は、新横浜の不動産屋で生まれ育った人物。1980年代、家業を手伝いはじめた岩岡氏は、生まれ育った新横浜が、オフィスビルばかりの街になってしまったことを残念に思っていた。当時の新横浜は、「新幹線に乗り換えるだけの、何もない場所」。それを、「わざわざ出かける場所」に変えたいと考えたのだ。

当時はバブル全盛期で、高級食材がもてはやされていた。だが、もっと身近に感じられる料理があるはずだ。そう考えるうちにひらめいたのが、各地方ごとに地域性があり、誰

懐かしい気持ちにひたれる新横浜ラーメン博物館

もが子供の頃から親しんでいるラーメンだった。各地のラーメンを食べ歩くと、地域ごとに特色がある奥の深さと、各店舗の背景にある物語に驚いた。

ラーメンには、次世代に語り継いでいく文化がある。そう確信した岩岡氏は、新横浜駅から徒歩5分の場所に新横浜ラーメン博物館をオープン。初年度年間入場者数が約150万人と、横浜アリーナに匹敵するという大ヒット施設となった。

それから四半世紀、ラー博はすっかり新横浜の街に定着した。今は、麺打ち体験プログラムの実施やラーメンに関する資料の収集を通じて、ラーメンに関する情報なら文献から実物まで、何でも揃うミュージアムに成長しつつある。

新たな表現手段に進化した野立て看板のひみつ

新幹線に乗車していると、たびたび車窓に見えるのが野立て看板。時速285キロで走る車内からはほんの一瞬しか見えず、内容をしっかり読み取ることはできないが、不思議と印象に残る。田んぼの真ん中など、周囲から目立つ広い場所に設置されることが多い。

東海道新幹線の沿線には、全部で100基前後の野立て看板がある。最も多いのは、化粧品メーカー「セブンツーセブン」の看板で、1979（昭和54）年以来、沿線に30基あまりを設置している。小売りを行わないBtoBのメーカーであるため、ブランドロゴを覚えてもらうための施策だ。看板は、大きなものでは10×5メートルもあり、台風の影響を受けたり、看板の前に雑草が生い茂ったりすることも多い。定期的に新幹線に乗車して、各看板の状況を点検しているという。看板は地主と数年ごとの契約で、時代とともに変わっていく。古くは蚊取り線香で有名なメーカーが多くの看板を出していた時代があり、エステティックサロン、携帯・スマホ用ゲームブランドなどが続いた。

近年は自治体の屋外広告条例が厳しくなり、静岡県や神奈川県平塚市など完全に禁止す

神奈川県大磯町のA席側にある野立て看板。なんとQRコード付きの野立て看板(左)が登場

る自治体が増えるなど、野立て看板をめぐる状況は少しずつ難しくなっているが、一方で個性的な看板も増えている。梱包材のプチプチを販売する川上産業は、イラストレーターとコラボした商品名なしの看板を一基だけ掲出している。車内からは読み取れない謎のQRコードがポイントだ。八王子市のきぬた歯科は、院長の顔写真だけの看板を出しているが、これはセブンツーセブンに対抗したもの。他に、男性向け情報サイトが、わかる人にしかわからない形で出している看板もある。

独特の表現手段に進化しつつある野立て看板。時々車窓から注目すると、意外な発見がある。新横浜～小田原間と豊橋～米原間が特に多い。

いつまでも終わらない静岡県！

どうしてあんなに東西に長いの？

静岡県は、広い。東海道新幹線17駅のうち6駅が静岡県にあり、「いつまでも終わらない静岡県」などといわれるほどだ。実際、東海道新幹線東京～新大阪間５１５・４キロのうち、静岡県が占める区間は約１７１キロ。全体のちょうど3分の1を占め、静岡県内ノンストップの「のぞみ」はこの区間の通過に約40分かかる。

静岡県はなぜこんなにも東西に広いのか。それは、明治維新に理由がある。１８６７年、大政奉還によって２６０年に及ぶ徳川幕府が終焉を迎えると、徳川将軍家を滅ぼそうとする薩摩・長州連合軍を中心とした新政府軍と旧幕府軍との間で戊辰《ぼしん》戦争が始まった。戦いは新政府軍の勝利に終わったが、徳川慶喜がいち早く朝廷に反抗する意思がないことを示し謹慎生活に入ったため、お家取り潰しは免れることになった。そして、慶喜に続いて徳川家16代当主となった徳川家達《いえさと》は、駿河・遠江《とおとうみ》国70万石に転封される。つまり江戸を追い出されて家康が晩年を過ごしたゆかりの地に移された。この時、駿河（静岡）・遠江（浜松）の諸藩が合併し、駿河府中藩、のちに改称されて静岡藩が成立したのである。70万石は、幕末の時点では加賀藩（120万石）、薩摩藩（73万石）に次ぐ規模で、いわば政権を失い都落ちする代わりに、名ばかりとはいえ全国有数の大名となったのだ。

だが、それも長くは続かない。1871（明治4）年、廃藩置県によって、静岡藩は静岡県となり、やがて静岡県と浜松県に分割された。ところが1876（明治9）年に再び全国の府県が統合・整理され、静岡県は浜松県や足柄県の一部だった伊豆地方とともに、現在の静岡県となった。

静岡県が東西に広い理由。それは、基本的には各県をある程度の規模で揃えるために隣接した県を統合した結果だ。静岡は北に赤石山脈がそびえ、東西にまとまるしかなかった。ただ、元をたどれば明治維新に際して徳川家が存続を許され、70万石への転封という軽い処分を受けたことが遠因になったともいえる。

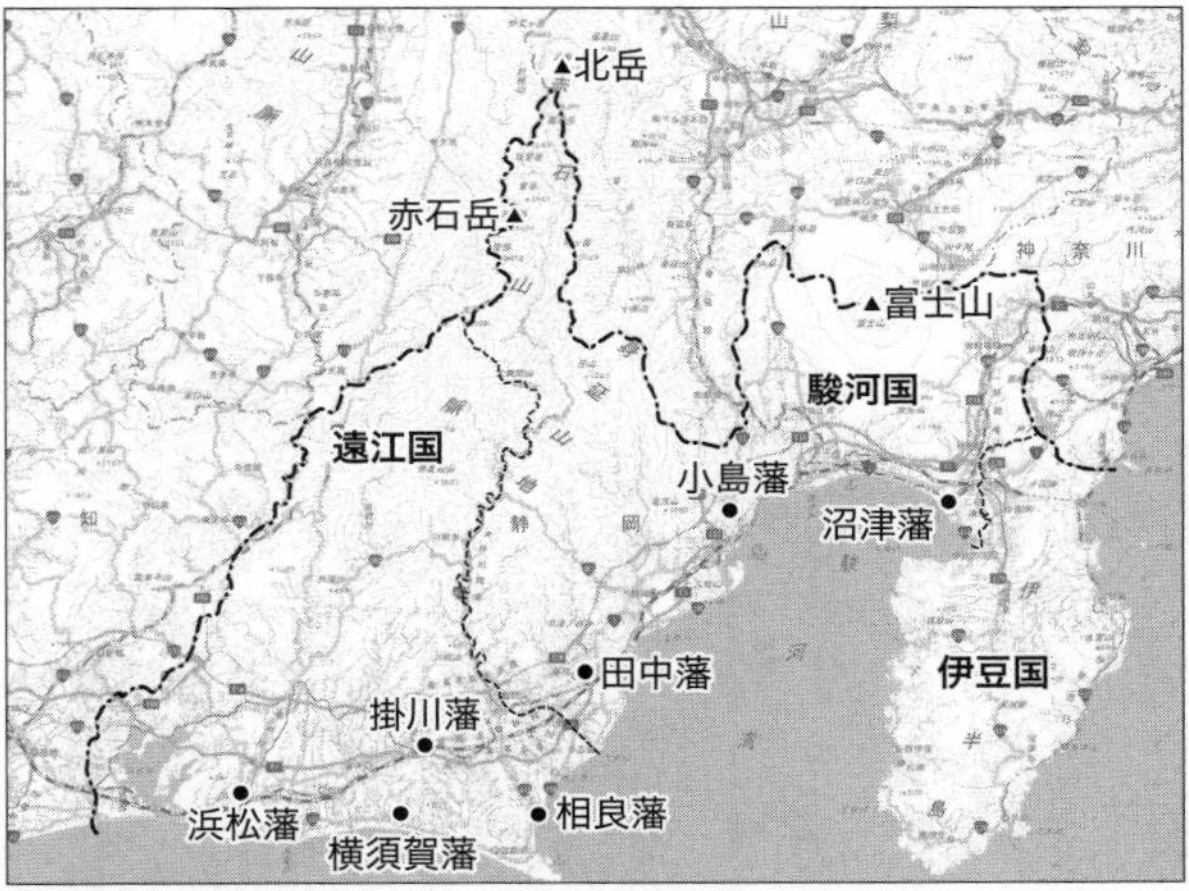

江戸末期の諸藩の中心地。いまの静岡駅付近は天領だった。
（地理院地図に加筆）

!?

製紙のまち・富士市で注目されている、生活必需品とは？

富士山がよく見える新富士駅周辺には、煙突からもくもくと煙を上げる工場がたくさん見える。富士市はさまざまな工場が集まる産業都市だが、中でも富士市を長年支えてきた産業が製紙業だ。そのルーツは、江戸時代に富士川上流で盛んだった、「駿河半紙」がルーツといわれる。明治維新後、宿駅制度の廃止によって大量の失業者が出ることを懸念した内田平四郎が、愛鷹山の西に紙の材料となる三椏《みつまた》の栽培を開始。富士山と豊富な地下水と、富士山の裾野に広がる広大な土地に着目した栢森《かやもり》貞助らが、洋紙技術を取り入れた本格的な和紙生産を始めたことが、「製紙の街・富士市」誕生につながった。富士山の地下水、富士山の広い土地、愛鷹山麓で栽培される原料、そして東海道本線の開通による物流の充実。富士市は、製紙業に最適な条件が揃っていた。

近年は、中国などから安価な紙が輸入されているうえ、社会がペーパーレスを指向する時代となり、製紙産業は非常に厳しい状況に置かれているといわれる。富士市の製紙産業も同様で、ここ数年、工場の統廃合や業態転換が行われてきた。

水を大量に使う製紙業にとって富士の麓はうってつけだった

その富士市で、今見直されている紙製品がある。トイレットペーパーだ。水に溶け、肌に優しいトイレットペーパーは、日本の技術を活かせ、安い海外製品に対抗できる商品だ。単価が安い割に嵩張り、輸送コストが高くつくので、大消費地に近いことも利点となる。温水洗浄機が普及したとはいえ、トイレットペーパーの需要がなくなることは考えにくい。大手製紙メーカーの中には、ビジネス向けの洋紙工場を閉鎖して、トイレットペーパーをはじめとする生活用紙の工場に転換する事例もある。

日本で消費されるトイレットペーパーの約4割は、富士市で生産されている。新幹線から見える「煙もくもく」工場で、生活に欠かせない紙が、今日も生産されている。

永遠のライバル？

スケールが大きな静岡市と浜松市

静岡県の二大都市・静岡市と浜松市。商業・金融が発展し商店街にも活気がある静岡市に対し、ヤマハ、スズキなど世界的な製造業が集まる浜松市と、二つの市はライバル関係にある。東海道新幹線も、両駅とも1時間あたり「ひかり」１本、「こだま」２本が停車し、利便性はほぼ互角だ。

そんな両都市は、広さにかけてもライバル関係にある。全国の新幹線が通過する市町村のうち、面積が1位の自治体が浜松市、２位が静岡市なのである。

浜松市は広い。総面積１５５８平方キロ。２００５（平成17）年に、12の市町村が合併して、現在の規模となった。全国的に見ても、岐阜県高山市（２１７８平方キロ）に次いで、全国で2番目に広い市だ。

一方の静岡市は、総面積１４１１平方キロ。２００８（平成20）年までに旧静岡市と清水市、由比《ゆい》町、蒲原町が合併したもので、全国的には日光市、北見市に次いで5番目の広さを誇る。47都道府県で最も小さな香川県が１８７６平方キロだから、その広さがイメー

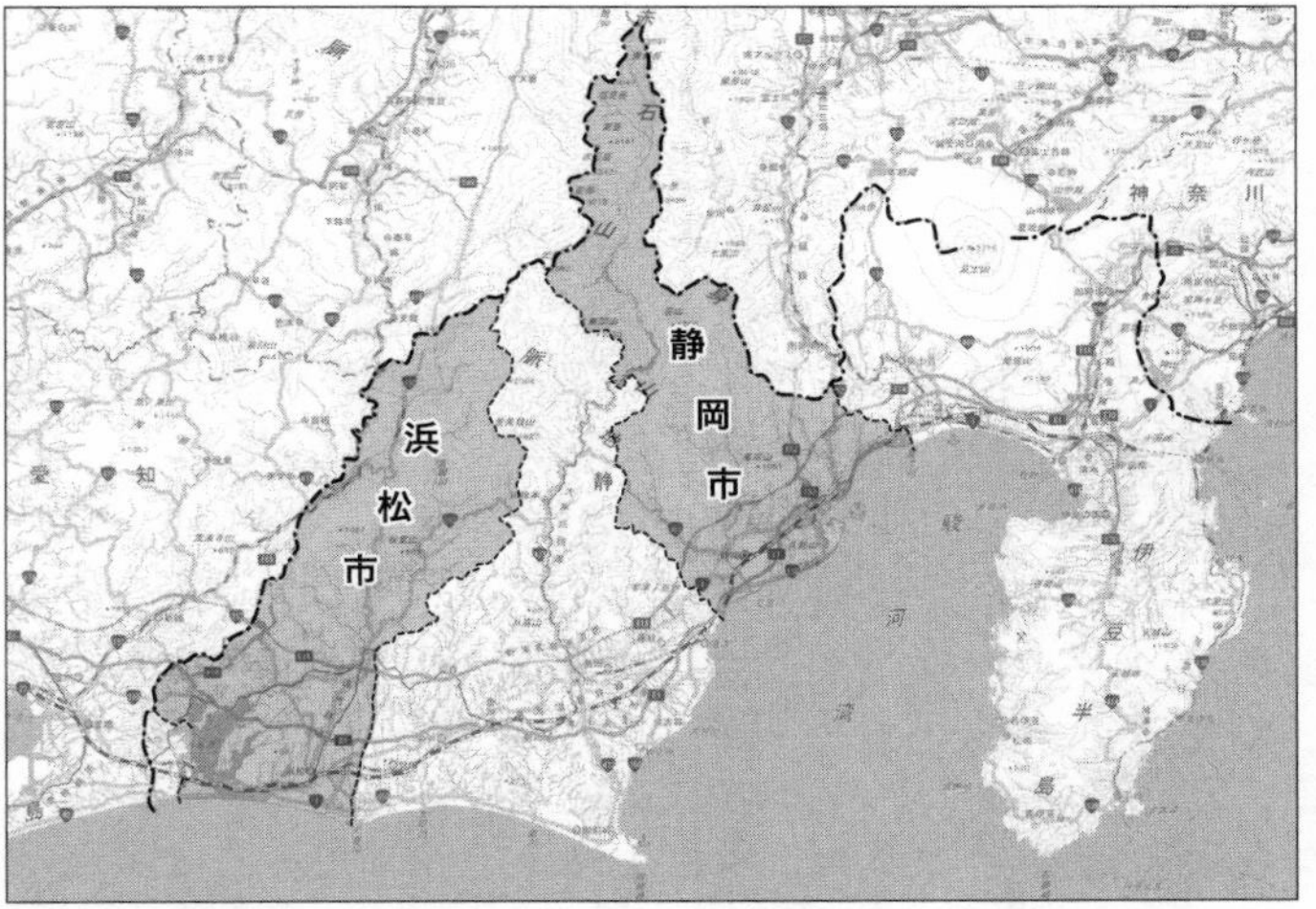

静岡市の面積は県の18％、浜松市は20％を占める。（地理院地図に加筆）

ジできるだろう。浜松市と静岡市だけで、静岡県全体の4割近くを占めている。

——海岸部から南アルプスまで、二つの市が広すぎる！

二つの巨大都市誕生の背景には、やはり静岡・浜松両市のライバル関係がある。先陣を切ったのは静岡市だ。1997（平成9）年、旧・静岡市と清水市による合併の協議がスタート。「商業の町」静岡市と、全国屈指の港湾施設を持つ清水市が一つになれば、東海地方で大きな存在感を示せる。2003（平成15）年、両市は対等合併を果たし、1373平方キロの「日本一広い市」（当時）が誕生。2005（平成17）年には政令指定都市に移行し、蒲原町と由比町も相次いで編入した。

これに対抗心を燃やしたともいわれるのが、浜松市だ。2002（平成14）年の浜松市長選で、静岡県西部の14市町村による「環浜名湖政令指定都市構想」を提唱した候補が当選。浜松市よりも西側の自治体すべてが浜松市に編入されるという大合併構想だった。その後、浜名湖西側の湖西市と新居町が離脱したものの、2005年7月1日に、11市町村が浜松市に編入される形で新・浜松市が誕生した。面積は静岡市を抜いて県内1位となったが、同年2月に新・高山市が誕生していたため、全国1位の座は逃した。2007（平成19）年には静岡市を追いかけるように政令指定都市に移行している。

――市内の移動に列車で3時間以上かかる？

この二つの市、鉄道の視点で見ても、広さが際立っている。

現在の浜松市は、遠州灘から南アルプス深南部まで、南北73キロに広がる。これだけ広い市となったのは、北部の天竜市、佐久間町、水窪《みさくぼ》町、春野町といった、北遠地方が参加したことが大きい。天竜川沿いの山間部に位置し、かつて林業が盛んだった地域だ。浜松とは、天竜川の水運で結ばれるなど、文化的なつながりがあった。

この結果、豊橋と長野県の辰野を結ぶＪＲ飯田線にも、「浜松市内」の駅が複数誕生した。その最北端の駅が小和田《こわだ》駅だ。浜松駅から直線距離で60キロ。天竜川沿いに位置する集落だったが、昭和30年代に民家のほとんどがダム湖に沈んでしまった。今では、自動車が通行できる道路が存在しない秘境駅だが、住所は政令指定都市の「浜松市天竜区」。浜松駅から小和田駅へ行くには、新幹線経由で2時間49分かかる。

鉄道以外ではアクセスできない小和田駅も政令指定都市

静岡市の広さもすごい。静岡市の場合は、「静岡市葵区」が広すぎるといってもよい。なにしろ、静岡駅北口の繁華街も、そこから76キロ離れた国内3位の高峰・間ノ岳《あいのだけ》（3189・5m）山頂も、どちらも「静岡市葵区」なのだ。大井川の電源開発のために建設された専用軌道をルーツとする大井川鐵道井川線も、閑蔵《かんぞう》駅と終着・井川《いかわ》駅は葵区内にある。こちらは、静岡駅から鉄道で移動しようとすると東海道本線の金谷駅を経由して3時間44分かかる（バスを乗り継ぐ方法もある）。

平均的な地方都市の顔をした静岡市と浜松市だが、実は鉄道での市内移動の時間距離が日本一長い、壮大な自治体なのである。

!?

車窓の左右に広がる茶畑!

牧之原台地の茶畑はリストラ侍が作った

大井川を渡った列車は、第一・第二高尾山トンネル、切山トンネル、牧ノ原トンネルと、トンネルが連続する。その合間の車窓は、左右ともに一面の茶畑。

ここは、標高70~120メートルほどの牧之原台地。標高30メートル前後の大井川流域から、テーブルのように一段高くなった台地が広がっている。大井川と天竜川が運んだ土砂が堆積して扇状地が生まれ、さらに大井川の激しい流れが堆積した土砂を削り取っていって生まれた地形だ。

牧之原台地は、江戸時代まで不毛の土地だった。なにしろ、川から100メートル近くも高いところにあるのだ。水の供給が難しく、田畑のほとんどない荒野が広がっていた。

その荒野に目を付けたのは、徳川の家臣たちだった。中心となったのは、大政奉還にあたって徳川慶喜の警護役も務めた剣豪、中條景昭。中條は、徳川家が駿府に移されたことで自らを含む大勢の武士たちが職を失ったことに心を痛め、武士たちのまとめ役だった勝海舟に申し出た。「金谷一帯は、もう数百年も荒れるに任せていると聞きます。この土地

茶畑自体は三島付近から見られるが、牧之原台地の茶畑は壮観

を与えてくだされば、一生をかけて開墾しましょう」

この言葉に、勝は感激した。例えるなら、国家公務員キャリア組だったエリートたちが、地方の原野を開拓して農業ベンチャーを始めようというのである。1869（明治2）年、中條たちは勝の計らいで幕府が所有していた約1400ヘクタールの土地を与えられ、翌年にはやはり職を失った、大井川の川越人足も加わった。彼らは明治時代を通じて開墾を続け、大正時代に入る頃には、牧之原台地は一面の茶畑に生まれ変わった。

新幹線から茶畑が見えたら、その背景には勝海舟や中條景昭たちの英断と努力があったことを思い出すといい。

掛川城の天守は、1人の市民がきっかけで復活した!?

掛川駅の山側に見える城は、掛川城だ。室町時代中期に築かれた城で、戦国時代末期には、豊臣秀吉の直臣だった山内一豊が居城とし、大規模な改修を行った。

掛川城の天守は、幕末に発生した安政東海大地震によって倒壊し、現在東海道新幹線から見える天守は、戦後初の本格的な木造復元天守として、学術的考証の末に復元されたものだ。

1950年代以降、全国各地で城の再建がブームとなったが、それらはすべて、現代工法による鉄筋コンクリートで建設された。いわば、観光施設として城に似せて作られたビルに過ぎなかった。構造を含めて江戸時代以前の姿を再現する木造天守は、非常にコストがかかるうえ、耐火性を重視した現代の法令にも合わなかった。

掛川城天守が再建された当時の掛川市長は、東海道新幹線掛川駅を実現させた榛村《しんむら》純一氏だ。全国でいち早く生涯学習都市宣言を行った榛村市長は、教育重視の観点から掛川城天守の木造での再建を志していたが、新幹線掛川駅の建設に多額の資金を使い、掛川城に

新幹線の車窓からもよく見える掛川のランドマーク

は手が回らなかった。

その状況を変えたのは、１人の市民だった。１９８７（昭和62）年に掛川市に転居してきた白木ハナヱさんという資産家の女性が、掛川市の生涯学習都市宣言に賛同し、１億５０００万円を市に寄付したのである。

当初は「生涯学習施設の基金に」ということだったが、市長が掛川城天守の復元を望んでいると知ると、「それでは、私に天守閣を作らせてもらいます」と２億５０００万円を追加して４億円を寄付。最終的にはさらに増額して、総額５億円もの私財を寄付した。これを契機に天守復元事業が具体化し、掛川市は12億４０００万円をかけて、木造による復元天守を建築することになった。

――高知城を参考にして復元

復元には財源以外に二つの大きな問題があった。一つが、史料不足だ。考証にあたっては、江戸幕府が17世紀半ばの正保年間に諸藩に命じて作らせた「正保城絵図」や、1851年に石垣が崩壊した際に描かれた「御天守台石垣芝土手崩所絵図」、1854年に描かれた安政東海大地震の被害状況図である「遠江国掛川城地震之節損所之覚図」などが参考にされた。ただ、これらの図は写実的に描かれたものではない。そこで、最も有力な史料とされたのが、掛川から土佐に転封となった山内一豊が築いた、高知城の現存天守だった。

掛川城の天守を築いた山内一豊は、関ケ原の戦いを前に行われた小山評定で掛川城を徳川家康に明け渡す発言を行い、東軍に与したとされる。これが東軍団結のきっかけとなったことから、合戦終結後、掛川5万石から、土佐9万6000石に加増転封となった。土佐に移った一豊はまもなく高知城を築城させたが、この時「遠州掛川城の通りに作れ」と指示し、掛川城と同様最上階に物見を置く望楼型にしたという記録が残っている。現在の高知城天守は、18世紀に一度火災で焼失した後ほどなく再建されたものだが、焼失前の天守を忠実に再建した。つまり、現存する高知城天守は、かつての掛川城天守に近い形態と推測できる。絵図と高知城現存天守を参考に、新しい掛川城天守が設計された。

もう一つの問題が、木造建築に関わる法令だった。建築基準法では、高さ13メートルを超える木造建造物については、耐火構造とすることを求めている。しかし、耐火構造を満たすには、江戸時代の建築の再現を諦め、現代の工法を取り入れなくてはならない。掛川城天守は16メートルを超えており、そのままでは建築許可が下りなかった。

掛川城復元の参考にされた高知城

これには裏ワザがあった。建築基準法の細則にあたる施行令には、屋上に設けられた物見塔などは、一定の規模までは建物の高さに含めないという特例があったのだ。掛川城の天守は、前述の通り最上階が望楼型だ。望楼型の最上階を物見塔とし、そこへ至る階段室とすれば、適法となる。完成した掛川城復元天守は、三階建てに見えるが、法規上は二階建ての上に物見塔が乗っていることになっている。

こうして、１９９４（平成６）年に掛川市のシンボルとして復活を果たした掛川城。天守最上階からは、掛川の町はもちろん、東西に駆け抜ける東海道新幹線の走りもたっぷり眺めることができる。

!?

今や宇都宮を圧倒する浜松餃子は何が違う?

近年、浜松名物として有名なのが、餃子。毎年、年間消費額を栃木県宇都宮市と激しく争い、その結果は全国ニュースでも報じられるほどだ。２００９（平成21）年からの10年間では、浜松の６勝４敗。ほぼ互角の勝負といえるが、直近5年間では浜松が４勝１敗と圧倒している。元は話題づくりで始まったのが、年々本気の勝負になってきた。

中華料理と捉えられがちな餃子だが、中国のチャオズは水餃子が基本で、ごはんと一緒に食べたりはしない「主食」。焼餃子は本来、水餃子の余りを翌日焼いて食べたもので、日本の焼餃子は日本独自の食文化だ。その起源には諸説あるが、宇都宮に司令部を置いた旧陸軍第14師団が、１９２７（昭和２）年から１９４０（昭和15）年にかけて満州に駐屯したため、除隊した兵士が満州で知った餃子を地元に広めたことが始まりといわれている。

それに対して浜松餃子の起源は、はっきりしたことはわかっていない。戦後、中国からの帰還兵が、従軍中の体験をもとに餃子を焼き始めたとする説が有力だ。材料は何でもよく、小麦粉と野菜の切れ端、それに鉄板があれば、それらしいものを作れた。もっとも、昭和初期には浜松市内に焼餃子を出す店があったとする説もある。

では、浜松餃子は宇都宮餃子と何が違うのか。宇都宮餃子は栃木周辺が産地であるニラと白菜を豊富に使い、全体に野菜が豊富に入っているのに対し、養豚業が盛んだった浜松の餃子は豚肉がたっぷり。キャベツや玉ねぎとともに、肉汁を楽しむタイプだ。数が多い場合は丸皿へ円形に並べ、中央に茹でもやしを載せる。宇都宮は水餃子も人気だが、浜松は焼餃子ひと筋だ。

肉汁たっぷりの豚肉が浜松餃子の魅力。真ん中のもやしもポイントだ

どうしてもにおいがある餃子は、新幹線の車内では食べにくい。駅ビル内に有名店があるので、途中下車して味わってみてはいかが。新幹線を乗り継いで、宇都宮餃子と食べ比べてみるのも楽しい。

車窓風景からヒントを得た浜名湖のウナギ養殖

東海道新幹線屈指の車窓ポイント、浜名湖。浜名湖といえば、うなぎの名産地だ。浜名湖周辺でうなぎの養殖が始まったのは、明治時代中期のこと。1897（明治30）年、東京・深川で川魚商をしていた服部倉二郎は、うなぎやスッポンなどの養殖を研究していた。商用でたびたび関西へ出向いていた服部は、その車窓から浜名湖の美しい風景を眺め、「気候が温暖で水に恵まれた浜名湖は、スッポンやうなぎの飼育に最適であるに違いない」と思いついた。浜名湖は海水が混じった汽水湖で、当時はうなぎの幼魚が豊富に採れたうえ、湖周辺には田畑に適さない広大な遊休地があった。しかも、そのすぐ横を東海道本線が全通し、東京・大阪といった消費地に直結している。これ以上、うなぎの養殖に適した土地はなかった。

服部は、愛知県立水産試験場の中村正輔の協力を得て、1900（明治33）年、舞阪村吹上（現在の浜松市西区舞阪町）に約6・5ヘクタールの養殖池を造成。まずはスッポン、ついでうなぎの養殖を開始した。水質を厳しく管理し、餌に蚕蛹《さんよう》（蚕のさなぎ）を用いるこ

かつての養鰻池はメガソーラーへの転換が進み露天の池はほとんど消えた

となどで、安定的な養殖に成功した。浜名湖の隣、愛知県三河地方が絹製品の産地で、蚕蛹が豊富に手に入ったことも幸いした。浜名湖は、うなぎを養殖するためのあらゆる条件が揃っていたのだ。

服部と中村が設立した会社は、現在ではスッポン養殖専業となって変わらず舞坂の新幹線沿線にある。

近年、うなぎが絶滅危惧種に指定され、日本や世界のうなぎをめぐる状況は厳しい。かつて新幹線の車窓から見ることができた無数の養鰻池は水質管理が容易なビニールハウスに転換し、今はそれも多くがメガソーラーに姿を変えた。現在は、完全な養殖実現に向けて、シラスウナギ養殖の研究が進められている。

!?

新幹線の先輩?

日本を代表する用水と新幹線の隠れた縁

下り列車で蒲郡市を過ぎ、幸田駅付近でJR東海道本線をまたぐと、東海道新幹線は矢作川と境川が作った岡崎平野に出て、約16キロの最長直線区間に入る。矢作川橋梁を渡った先は安城市だ。この周辺は農業が特に発展した地域で、「日本のデンマーク」とも呼ばれる。新幹線は比較的市街化された地域を走るが、米、小麦、きゅうり、いちご、梨などさまざまな農作物が栽培されており、A席側には「がんばろう日本農業」の野立て看板も見える。

――水の乏しい原野を肥沃な農地に変えた明治用水

この地域を、日本有数の農業王国に育てたのが、明治用水だ。明治初期に建設された、我が国初の近代的灌漑用水路で、愛知県豊田市の矢作川から取水し、岡崎平野を三手に分かれて灌漑、逢妻川・境川・矢作川に注ぐ。

岡崎平野中央部は台地になっていて、土地はあっても水に乏しく、農業に適さなかった。

左：安城市内の野立て看板/右上：新幹線の上を水路が通る（地理院地図〔空中写真1982年〕）／右下：三河安城駅をくぐる明治用水（写真：Indiana jo ／ CC BY-SA 4.0）

江戸時代、地元の豪農・都築《つづき》弥《や》厚《こう》は、土地を開削して矢作川から水を引こうと考え、私財を投じて独自に測量を行った。5年にわたる測量の末、1833年、ついに幕府から用水建設の許しが出たが、領主や農民の反対によって実現しないまま、都築は病没してしまった。

それから約40年後の1872（明治5）年、岡本兵松と伊予田与八郎がそれぞれ用水の建設を発案。愛知県は二つの計画を統合し、全長52キロの用水路建設を許可した。1880（明治13）年に東井筋と中井筋が、1881（明治14）年に西井筋が完成し、近代日本初の本格的灌漑用水路である「明治用水」が生まれたのである。完成した明治用水は台地を潤し、それまで2000へクタールあまりだった水田は、その後の30年あまりで８０００ヘクタールにまで増加した。また台地という地形は、秋に降水量が減ると水が止まり、水田を小麦などの畑に転用することができた。こうして、岡崎平野は日本を代表する生産地に成長したのである。

16キロの直線区間の前後で、東海道新幹線は三つの明治用水と交差している。三河安城駅の手前、左に堀内公園の小さな観覧車を見て名鉄西尾線と交差すると、まもなく渡る水路が東井筋。中井筋は、三河安城駅の真下を通る。西井筋はその先、「あと９分ほどで名古屋に到着します」と放送が入る頃にまたぐが、暗渠のため車窓からは見えない。

——新幹線の頭上を通る愛知用水

さて、三河安城駅を下り列車で通過してから約３分後。東海道新幹線はもう一つ日本を代表する用水路と交差する。それも、用水路の方が新幹線をまたぐ。

伊勢湾岸自動車道の高架をくぐった先で通過する、全長31ｍの大高トンネル。この上を流れるのが、「愛知用水」だ。岐阜県八百津町の木曽川兼山ダムから、犬山、春日井、瀬戸といった愛知県東部の丘陵地帯を抜けて、知多半島先端の美浜町に至る、全長１１２キロ、支流を合わせると実に１０００キロを超える用水路だ。尾張丘陵部から知多半島にかけての広い範囲に水を供給している。

知多半島は、昔から気候が温暖だったが、降水量が少ないうえに雨水は三河湾や伊勢湾に流れ落ちてしまい、慢性的に水が不足していた。そこで、1947（昭和22）年の大干ばつを機に建設されたのが愛知用水だ。はるか遠い岐阜県の木曽川にダムを築き、そこから知多半島先端まで用水路を建設することは、戦後の復興を象徴する「夢の大事業」といわれた。事業資金の一部を世界銀行からの借款に求め、「5年での竣工」を命題とされた点は、東海道新幹線と同じ。東海道新幹線建設にあたっては、世銀からの借款に関連して愛知用水の事例が参考にされた。いわば、新幹線の先輩にあたる用水なのだ。

1955（昭和30）年に愛知用水公団が設立されて建設事業がスタート。取水口からさらに100キロあまり上流には、用水の水を貯める荒尾ダムが建設され、東海道新幹線開業前の1961（昭和36）年に完成した。現在では、岐阜県可児郡御嵩町から尾張東北部、西三河西部及び知多半島先端の南知多町まで、27の市町にある約1万5000ヘクタールの田畑で使用されている他、工業用水や水道水としても使われている。愛知用水幹線水路の終点は、知多半島美浜町の美浜調整池だが、そこからさらに海底導水管を通して日間賀島や佐久島、篠島といった三河湾の離島にまで送られている。

愛知県南部は今も田畑が多くのどかな景色を楽しめる。この土地に新鮮な水を供給し続けているのが、これらの用水だ。

!?

清洲城

戦国の歴史を彩った織田信長の居城はレールの下に

下り列車で名古屋駅を発車すると、3分ほどでE席側の線路脇に現れる天守。織田信長の居城だった清洲城だ。清洲がかつて鎌倉・京都・伊勢と三方向からの街道が集まる尾張国の中心地だったことから、室町時代に築城された。室町時代末期には織田信長の居城となり、ここから天下統一への道が始まったことで知られる。桶狭間の合戦の2年後に結ばれた、織田信長と徳川家康の同盟（清洲同盟）や、本能寺の変の後、羽柴秀吉や柴田勝家らが信長の後継者を決めた清洲会議は、いずれもこの城で行われた。

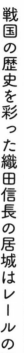

だが、現在ある天守は、1989（平成元）年に築かれた「模擬天守」だ。天守を模して作られた観光施設であり、資料を元に天守を再現した復元天守でもない。なぜか。

清洲城の姿を伝える史料が全く残っていないからだ。歴史の舞台となった清洲城だったが、徳川家康が江戸幕府を開くと、尾張国の都は6キロ離れた名古屋に移され（清洲越し）、清洲城は解体された。平和な時代が訪れると同時に解体されたため、史料が残されなかったのだ。清洲城の存在は次第に忘れ去られ、明治時代に入ると名古屋と岐阜を結ぶ最短ル

観光施設ながら天守からは新幹線がよく見える

ートとして、清洲城址の中央を貫くように東海道本線が建設されてしまう。東海道新幹線も、名古屋～関ケ原間を最小のコストで建設しようとした結果、在来線とともに城址の中央を貫くことになってしまった。かつての天守は、まさに東海道本線と東海道新幹線の線路上付近にあったといわれる。観光施設としての模擬天守は、五条川を隔てた東側の空き地に建てられた。

残念な状況になってしまった清洲城だが、その一部は名古屋城の西北隅櫓の部材として現存しているといわれ、西北隅櫓には「清洲櫓」の別名がある。現代の調査でも、柱を中心に他の建築からの転用が多く認められ、根拠のない伝承ではないことが明らかになった。

巨大な箱船は、世界を救う箱船だった？
ソーラーアークの真の目的とは

岐阜羽島の西で長良川を渡ると、羽島市を出て岐阜県安八《あんぱち》町に入る。E席側に見える巨大な箱船のような建物は、パナソニックソーラーアークだ。全長315メートル、高さ37・1メートルの構造体に、5046枚の太陽電池パネルが設置されている。

ソーラーアークは、2012（平成24）年までここにあった、三洋電機岐阜事業所の施設で、三洋電機の創立50周年記念事業として、2001（平成13）年12月に竣工した。

太陽電池やバッテリーなど環境に優しいエネルギー製品で知られた三洋電機の技術力を、東海道新幹線の乗客らにアピールするモニュメント……と思われがちだが、実はこの施設、建設当初は地球規模の壮大な計画を背負っていたともいわれる。

それは、「GENESIS計画」。1989（平成元）年に、当時の三洋電機社長で、太陽光発電技術研究組合理事長だった桑野幸徳氏が提唱したもので、世界中の砂漠地帯に大規模な太陽光発電システムを設置し、各システムと世界の都市とを超電導ケーブルで接続。24時間十分な量のエネルギーを供給するという構想だ。建設当時、世界最大級のメガソーラーだったソーラーアークは、その実証実験的な意味があったらしい。5000枚を超える太陽電池で、最大3・4メガワットの電力を発電し、三洋電機岐阜事業所のピーク電力の2割をまかなう計画だったのだ。

三洋電機のロゴも2011年にパナソニックに替えられた

　ところが、建設が進んでいた2000（平成12）年、三洋電機に不祥事が発生した。子会社が、規定通りのソーラーパネルを生産できず、実際よりも高い出力のラベルを貼って偽装。大きな社会問題となった。この時のソーラーパネルは、改修のうえ、事件の教訓を忘れないためとしてソーラーアークに使用されている。

　結局、ソーラーアークの発電量は630キロワットに留まり、大きな成果を得ることはできなかった。三洋電機はパナソニックに吸収されて消滅。事業所も取り壊されて、今はソーラーアークとその周辺のメガソーラーだけが残っている。

!?

乗務員も注目!

米原の山中にトトロがいる?

毎日東京〜新大阪間を往復している、東海道新幹線の乗務員たち。忙しい業務の合間に、ふと窓の外を見ることもある。現役の乗務員の方々に、気になる車窓風景を尋ねたところ、車掌とパーサーが口を揃えて挙げたのが、「米原のトトロ」だ。下り列車の場合、米原駅到着直前のA席側、「せんねん灸」の看板が見えた直後の山中に、トトロそっくりの「何か」がいる。「ベテランの車掌から教えてもらいました。なかなかわからなかったんですが、見つけた時は嬉しかったです」（田村雄治指導車掌）、「以前からパーサーの間で噂になっていて、先輩に〝いるらしいよ〟って教えてもらいました。手が空いている時にはつい探すんですが、見つかると、嬉しくて仕事のモチベーションになります」（霜田明美チーフパーサー）、「運転中は見られませんが、客席で移動している時は、森の中をつい探してしまいますね」（黒澤実俊指導運転士）。

東海道新幹線の乗務員たちを惹きつける「トトロ」とは何者なのか。実はこれ、米原市岩脇のさくらが丘住宅にある、裏山の岩にペイントされたトトロの絵だ。よく見ると、サツキとメイ、それにネコバスもいる。元は2001年頃、絵を描くのが好きな住民が、裏山の岩を見て「トトロに似ている」と直感。知人や地域の子供たちと一緒に描いたものだ。

数年ごとに塗り替えられ、突然よく見えるようになったりする

あくまで住民の趣味で行ったものだが、念のためスタジオジブリにも連絡してあるという。それが、新幹線の車内から見えるため、乗務員の間で「謎のトトロ」と話題になったのだ。

トトロは北向きの斜面にいて、日中は逆光、朝夕は森の日陰になって見えづらい。夏場も、生い茂る樹木に隠れて見つけにくくなる。冬場や曇りの日が比較的見つけやすいが、車内からトトロを見つけられたら、かなりラッキーだ。

米原駅から徒歩15分ほどの現地を訪れると、住宅のあちこちに可愛いイラストや懐かしいホーロー看板があるなど、なかなか楽しい。トトロの岩までは斜面を登る手作りの遊歩道が整備されていて、新幹線や琵琶湖を見晴らすことができる。

駅弁コラム

うなぎ飯

浜松駅　1820円　自笑亭

浜松駅ではさまざまなうなぎの駅弁を売っているが、これは最もシンプルな「うなぎ飯」。シンプルな発泡スチレンシート製の容器にごはんとうなぎの蒲焼きだけが盛られ、保温ケースに入れられているので、ほかほかのうなぎ飯を味わえる。少数限定のうえ、入荷したそばから売れてしまうので、レア度は高い。

自笑亭は、江戸時代の料理屋「山六」をルーツとする老舗で、浜松城最後の城主・井上河内守正直から可愛がられた店主が、安政5年に「自笑亭」の屋号を授かったことに由来する。うなぎ以外にも「しらす弁当」をはじめ多くの弁当を販売しており、幕の内弁当が3種類もあるのがユニーク。一部の駅弁は掛川駅構内のカフェでも購入できる。

※価格は2020年1月現在

第4章

東海道新幹線を もっと楽しむ雑学

!?

ついに引退！
700系が東海道新幹線にもたらしたものとは

２０２０（令和２）年３月、東海道新幹線からＪＲ東海の二代目「のぞみ」用車両である７００系電車が引退、すべての車両がＮ７００Ａに統一される。そのユーモラスなデザインから、カモノハシノーズともいわれた７００系は、なにが画期的だったのか。

それは、客室の面積を変えずに騒音と振動を減らし、高速化と乗り心地の向上を両立したことだ。１９９２（平成４）年デビューの３００系は、できる限り凹凸をなくして空気抵抗を減らし、徹底した軽量化を図ることで騒音などの環境基準を守ったまま時速２７０キロ運転を実現した。しかし、車体にぶつかった空気が後方に流れるに従い乱気流となって軽量の車体を揺らし、乗り心地を損ねるという問題があった。またＪＲ西日本が開発した５００系は、山陽新幹線で時速３００キロを可能にしたものの、乗り心地の悪さに加えて客室が狭く、座席配置や乗降扉の位置が他の車両と異なるという問題があった。

そこで、１９９９（平成11）年に営業列車に投入された７００系は、車体にぶつかった後の空気の流れを意識した。先頭部の正面をやや平たくして空気を受け止め、車両の上下

2020年春、ついに東海道新幹線から姿を消す700系

左右に誘導、車体下部にもカバーを設けて乱気流の発生を抑えた。この形状は「エアロストリーム」と呼ばれ、トンネル進入時の騒音や編成後部の乗り心地を大きく改善して山陽新幹線での時速285キロ運転を実現した。さらに車両を接続して揺れを抑える車体間ダンパや、レールから発生する横揺れを打ち消すセミアクティブ制振制御装置を装備することなどでさらに乗り心地を向上した。

これらの設計思想は、すべて現在のN700Aにも受け継がれている。700系は空気を自在に操って騒音対策などの環境性能を向上し、揺れも積極的に打ち消して乗り心地を向上させる現代の新幹線のスタンダードを作った車両だった。

!?

東海道新幹線の車両をついに統一！
N700系はここがスゴイ

東海道新幹線の車両といえば、N700系だ。2007（平成19）年に営業運転を開始した車両で、2013（平成25）年には改良版のN700Aが登場した。現在は、すべての車両がN700A相当に改修されている。

N700系は、700系と同様、座席配置を変えずにスピードアップと乗り心地の改善を図った車両だ。環境基準を守ったうえで山陽新幹線で時速300キロ運転を実現するために、先頭形状を最適化する必要があったが、700系と同じ考え方では客室が狭くなってしまう。そこで、5000回に及ぶコンピューターシミュレーションを行い、座席数を変えずに最も効果を高める形を導き出した。それが、先端部から左右上方に向かって、鷲が翼を広げたような曲線を描く「エアロダブルウイング形状」だ。

さらに、曲線区間で内側に1度傾くことによって遠心力を緩和し、高速かつ快適に曲線を通過できるようにする車体傾斜装置、車両間で乱気流と騒音の発生を防ぐ全周ホロといった新機軸の採用や、700系では一部車両に留まっていたセミアクティブ制振制御装置

新しく導入されるN700S

を全車両に搭載するなどして高速化と低騒音化を進めた。

改良版のN700Aは、ブレーキ性能と車体傾斜装置の能力を改良することで、東海道新幹線での時速285キロ運転を実現。すべての車両がこの性能に統一されることで、2020（令和2）年3月から1時間に最大「のぞみ」12本運転を可能とした。

さらに2020年7月には、N700Sが登場。先頭形状はさらにエッジを効かせた「デュアル スプリーム ウィング形」に進化する。客席はついに全席にコンセントが装備され、座席も、背もたれだけでなく座面が動いて最適な角度に倒せるようになる。2023年度には、デッキに大型荷物置き場も登場する予定だ。

!? 列車ごとに異なる「ひかり」の停車駅はまるでパズル！

かつて東京〜新大阪間を3時間10分で結んだ、超特急「ひかり」。東名阪を結ぶ速達列車としての役割を「のぞみ」に譲った今は、小田原・静岡・米原といった中堅都市と東名阪を結ぶ列車となり、1時間に概ね2本が運行されている。所要時間は、東京〜新大阪間が最速クラスで2時間50分台、東京〜名古屋間は1時間40分台だ。そこそこ速く、「のぞみ」を利用できないフルムーン夫婦グリーンパスや、外国人向けのジャパンレイルパスで利用できるため、グリーン車は年配夫婦、普通車は外国人旅行者で混雑することがある。特に、小田原に停車する「ひかり」は、箱根方面に向かう外国人旅行者で混雑することが多い。

1時間に2本が設定されている「ひかり」は、新大阪発着便と岡山直通便が交互に運行されている。岡山直行便は、静岡・浜松などに停車し、名古屋〜京都間がノンストップ。新大阪発着便は、名古屋〜京都間は各駅停車となって、「こだま」の役割も果たしている。東京〜新大阪間の所要時間は、新大阪発着便の方が速い。

「ひかり」は、列車ごとに停車駅が異なる。静岡・浜松・岐阜羽島・米原は1時間に1本、小田原は1～2時間に1本、三島・豊橋は2時間に1本、熱海は1日3本だけと、駅ごとに停車間隔が設定されており、1時間に2本運行される「ひかり」にパターンを当てはめている。このため、新横浜～名古屋間では豊橋にしか停まらない「ひかり」もあれば、三島・静岡・浜松の3駅に停まる「ひかり」もある。静岡や米原で、「のぞみ」通過待ちのために7～8分停車する列車もあり、バラエティの豊かさでは東海道新幹線随一だ。前記の停車間隔を念頭に「ひかり」の停車駅パターンを観察すると、パズルを解くような面白さがある。

「のぞみ」よりも先に全列車N700系化された「ひかり」

「ひかり」のルーツは、戦前の朝鮮・満州において運行されていた急行列車まで遡る。戦後は、博多～別府間の気動車急行（後に準急）に与えられ、安くて手軽なスピード列車として人気を博した。一時は博多～西鹿児島・熊本間で運行されたが、新幹線開業にあたって行われた愛称公募で、55万票中1万9845票を得て1位を獲得。「夢の超特急」として大出世を果たした。

懐かしい汽車旅気分を楽しめる各駅停車の新幹線「こだま」

すべての駅に停車する、各駅停車タイプの列車。日中は1時間あたり2本が運行され、東京〜新大阪間と東京〜名古屋間の列車が30分ごとに設定されている。山陽新幹線に直通する列車は存在しない。この他朝晩に区間運転の列車がある。以前は、700系など旧型車両が使用されることが多かったが、現在はすべてN700系に統一されている。

「こだま」の所要時間は、東京〜名古屋間が2時間43分前後、東京〜新大阪間が3時間57分前後。「のぞみ」に比べて1時間以上余計にかかる。これは、多くの駅で「のぞみ」「ひかり」の通過待ちを行い、3〜8分停車するため。車内販売はないが、ほとんどの駅はホームに売店があるので、停車中にその土地の駅弁を買う楽しみがある。停車時間中にホームに降りて駅弁を買うなんて、列車が高速化した今ではなかなかできない体験だ。懐かしい汽車旅の楽しみが、「こだま」には残っている。急ぐ旅でもなければ、東京〜名古屋間は「こだま」の旅もいいものだ。

自由席が主体であることも特徴だ。16両中10両が自由席で、普通車指定席は3両しかな

N700系になって窓は小さくなってしまったが列車の旅を満喫できる

い。短距離での利用が多いこともあり、自由席はビジネス主体の「のぞみ」とは異なるのどかな雰囲気だ。

だが、指定席は近年非常に混雑しており、満席になる列車も多い。これは、スマートフォンを利用した「エクスプレス予約」が普及したため。エクスプレス予約は通常のきっぷよりも割安で、自由席と指定席が同額。自ら設定しなければ自動的に指定席になるため、指定席の利用が急増しているのだ。

エクスプレス予約の利用率が高い一部の「こだま」は、指定席車両を増やしているが、それでも混雑している。自由席はガラガラということも多く、「こだま」に乗るなら自由席が圧倒的にお勧めだ。

!?

新幹線はどこに乗る？
意外に知らない座席選びのテクニック

車両が統一された東海道新幹線には、おすすめの席がある。

晴れた日の午前から昼過ぎまでは、２列席側（D・E席側）がいい。東海道新幹線は太平洋岸に沿って走るので、晴れた日は海側にあたる3列シート側（A席側）に日差しが入るからだ。曇りの日や夕方以降はA席側もおすすめ。3列シートは通路に出にくいので敬遠されがちだが、３列席の中央、B席は最後に販売されるので、混雑した時でなければ誰も来ない可能性が高い。ある程度プライバシーを守りたいなら、A席が有利だ。

座席の列は、最後列が一番人気だ。後ろに席がないので気兼ねなく背もたれを倒せ、大きな荷物を後ろに置けるからというのがその理由。指定席はこの席が真っ先に売れる。２０２０（令和２）年春から最後列の座席は、その後ろの荷物スペースとともに「特大荷物スペース付き座席」として予約制になり、一層予約しづらくなりそうだ。

背もたれを倒す時に、後ろを気にする人も多いが、元々普通車の座席は、３列席でも回転できるよう背もたれが直立しており、ある程度倒す前提で設計されている。それよりも、

最後列の座席の人気が特に高い。写真は700系

車体中央部の方が揺れが少なく快適だ。車輪を搭載した台車は車両の前後にあり、カーブではここが支点となって回転する。このため、車両中央部が理論上最も揺れが少ない。ドアが開閉する煩わしさもないので、10番あたりの座席が落ち着く。

自由席は、2号車などの偶数号車がいい。偶数号車には洗面所がないので、20列定員100人と、座席が最も多いのだ。また、ほとんど気にならないが先頭車両である1・16号車は座席間隔がわずかに（17ミリ）狭い。この他、「こだま」は編成後部にも自由席がある。普段「のぞみ」「ひかり」に慣れている人は前方に集まりやすいので、15号車付近を狙うと、よりゆったりと乗車できる。

!?
新幹線を安全・正確に運転する驚きの運転技術!

東京〜新大阪間515・4キロを最高時速285キロ、最短2時間22分で結ぶ東海道新幹線。平均遅延時間は1列車あたり0・9分(2018年度)で、世界トップレベルの安全性と正確性を兼ね備えている。

東海道新幹線の運転士は、原則として東京〜新大阪間を1人で運転している。国鉄時代には、運転中に交代することもあったが、技術が進み安全性が飛躍的に向上した現在は、1人乗務が原則だ。現在のN700Aは、最新テクノロジーの塊だ。自動車のクルーズコントロールにあたる定速走行装置が装備され、またブレーキも、信号に合わせて時速30キロまでは自動的に減速してくれる。技術的には、完全な自動運転も可能かもしれない。だが実際には、今も運転士の技術と経験が重要なファクターを占めている。

——自分なりの目印を覚えて正確な現在位置を把握する

「運行中は、行路票という業務用の時刻表を確認しながら、現在位置と次の駅の通過時刻から、今時速何キロで走ればよいかを頭の中で計算しています」

そう語るのは、ＪＲ東海東京第二運輸所の黒澤実俊指導運転士だ。鉄道員として20年以上、東海道新幹線の運転士として15年のキャリアを持つベテランである。

「例えば、小田原駅まであと22キロの位置を走行していて、通過時刻まで5分ちょうどだとします。すると、時速２６４キロで走ればぴったり定時に通過できるとわかります」

現在位置は線路脇にあるキロポストでわかるが、実際にはそれだけでなく周囲の景色や施設から、今が東京起点何キロ地点なのかを把握する。

「そうした景色は、運転士見習の時に自分なりの目印を見つけて頭に刻み込みます。例えば、ビルとか看板とか、自分が覚えやすいものを探して、覚えるのです」

先輩から「この景色を覚えろ」と言われたことはほとんどない。「あれを覚えろ」と言われるよりも、自分で目印となるものを探した方がしっかり覚えられるからだ。

「ただ、トンネルと鉄橋の位置は全部覚えるよう指導されました。こうした施設は、位置がメートル単位で記録されていますし、視覚はもちろん音でも正確に通過を認識できます」

中には、ユニークなものを目印にするケースもある。

「昔、ある駅で減速を始めるポイントに、ブレーキ装置の広告看板がありました。ブレーキをかける位置に〝ブレーキ〟と書かれていたので、本当にわかりやすかったですね。別の駅では、沿線にある親戚の家を目印にしていた時期もあります」

現在は、列車が停車する際は、自動列車制御装置（ATC）によって自動的にブレーキがかかるが、時速30キロ以下の、停車させる最後の瞬間は運転士の腕の見せ所だ。黒澤運転士は、ややゆっくりと駅に進入し、より衝撃の少ない停止を実践している。遅く進入しながら、定時運行を実現できるのは、すべての区間と車両の挙動を完全に把握しているからこそだ。

――正確・安全な運転の秘訣は「遅く」運転すること

現在のN700Aは、以前の車両と比べて乗り心地が格段によくなった。しかし、運転士の腕によっても乗り心地は変わる。それは主に加減速による前後の揺れだが、本来は線路に起因する上下・左右の揺れも、抑えるための運転のコツがあるという。

「それは、なるべく〝遅く〟運転することです」

つまり、定時で運行するための最低限の速度を維持し、無駄な加減速を極力排除することが、レールからの振動も抑えて乗り心地のよい運転につながるというわけだ。ベテランになると、運転操作自体が少なくなる。東海道新幹線には曲線の関係から240キロや1

80キロなどに制限されている区間があるが、ベテラン運転士はそういった区間でもほとんどブレーキ操作をしない。速度制限区間や勾配、曲線などを把握し、ブレーキ操作をしなくても、自然抵抗による減速でぴったり制限速度に収まるように運転する。加速・減速によるショックが極限まで減らされ、また省エネルギーにも効果がある。

走行中に加速する時は、登り勾配を利用する。登り坂で緩やかに加速すれば、加速がスムーズになって前にひっぱられるショックが和らぐからだ。

「これは、ブルートレインなど昔の客車列車のテクニックだったそうです。機関車がけん引する客車列車はショックが大きいので、勾配を利用して徐々に加速したのです」

現在の新幹線は、車体間ダンパーの搭載によって連結器のショックは大幅に減ったが、今もこのテクニックは有効だ。

2019(平成31)年4月、黒澤運転士は、平成最後のお召し列車を東京〜名古屋間で運転した。鉄道人生の集大成と考え、持っている技術をすべて出し切った結果、極めて正確な定時運転を行って、名古屋駅に到着した。

年々自動化、高度化が進む新幹線だが、その安全で正確な運転には、まだまだ人間の技術が活かされている。

!?

ノウハウ満載！　マニュアル通りだけではない車内放送のひみつ

東京駅や新大阪駅を発車すると聞こえてくる、車内放送。東海道新幹線では、日本語と英語による自動放送と、車掌・パーサーによる肉声放送の両方を行っている。

自動放送時に流れるチャイムは、ＪＲ東海の車両はＴＯＫＩＯの「ＡＭＢＩＴＩＯＵＳ　ＪＡＰＡＮ！」。２００３（平成15）年10月1日の、東海道新幹線品川駅の開業を記念したキャンペーンで採用された曲で、始発駅と終着駅ではＡメロ（歌い出し部分）、途中駅ではサビの部分が流れる。16年以上使われた結果すっかり「東海道新幹線のメロディ」として定着し、元の曲を知らない人もいる。一方ＪＲ西日本の車両は、鬼束ちひろの「いい日旅立ち・西へ」。１９７０年代に国鉄のキャンペーンソングとして大ヒットした、山口百恵の「いい日旅立ち」のカバーで、やはり２００３年10月から始まったＪＲ西日本の「ＤＩＳＣＯＶＥＲ　ＷＥＳＴ」のキャンペーンソングとして採用された。始発駅と終着駅でＡメロ、途中駅でサビが流れるのも同じだ。

チャイムに続いて流れる自動音声は、ナレーターの脇坂京子さん、英語放送は、オース

上り列車のハイライトは富士川橋梁から眺める富士山

トラリア出身のシンガーソングライター、ドナ・パークさんが担当している。脇坂さんは政府広報から民放の深夜番組まで幅広く活躍しているナレーターで、ドナ・パークさんも、魔法少女アニメの声優を務めるなど多才なアーティストだ。

東海道新幹線の列車では、車掌とパーサーによる肉声放送も行われる。下り列車の場合、東京駅を発車してからしばらくは自動放送が主体で、車掌による放送が本格的に始まるのは新横浜駅到着時から。新横浜駅を発車と同時に、停車駅と到着時刻、乗務員の案内が始まるが、これを放送するのは車掌ではなくさまざまな車内サービスを行うパーサーの役割だ。

新横浜〜名古屋間は、「のぞみ」の場合

約1時間20分、260キロにわたってノンストップで走る区間。そのため、下りの新横浜駅、上りの名古屋駅では、乗り間違いを注意喚起する放送が状況に応じて行われる。下りが三河安城駅を通過すると「あと9分ほどで名古屋駅に到着します」、上りが小田原駅を通過すると「あと13分ほどで新横浜駅に到着します」と放送されるのは、長時間ノンストップで走るが故だ。

──車掌それぞれのプロ意識が生かされる車内放送

放送内容は概ねマニュアルで決まっているものの、細部の表現は、各乗務員の裁量に任されている。新幹線の車掌歴10年の、JR東海東京第二運輸所所属の田村雄治指導車掌は、平日と休日で、放送のトーンを変えているという。

「平日は、お休みになりたいビジネスのお客様が多いので、なるべくシンプルに放送するよう心がけています。観光のお客様が多い週末などは、〝皆さま、こんにちは〟とソフトな挨拶を入れるなど、少し優しくゆるいトーンで語りかけるように放送しています」

こうしたテクニックは、車掌見習の時に、先輩から後輩へ口伝で受け継がれるという。

富士山がよく見える日には、車掌による案内放送が入ることがあるが、こうした放送の実施も、各乗務員の裁量に任されている。

「私の場合、下り列車は業務の都合でできないことが多いのですが、上り列車でよく見えそうな日は、積極的に放送しています」（田村車掌）

そこには、田村車掌ならではのこだわりがある。それは、富士山が見えてから放送をするのではなく、その直前、蒲原トンネルを走行中に放送することだ。

「『この先の沿線景色のご案内です』『現在富士山の近くのトンネルを通過しております。このトンネルを抜けますと、進行方向左側に富士山がご覧いただけます』というように、何も見えないトンネル内で放送するのです。お客様は富士山をご覧になる準備ができますし、ちょっとしたワクワク感を演出できるのではないかと思います」

これも、車掌見習の時代に先輩が実践していたのを見て受け継いだもの。放送後に、客室で富士山を撮影する人を見ると、嬉しくなるそうだ。

また、２０１８（平成30）年12月からは、車掌とパーサーによる英語放送も行われている。これは増え続ける外国人利用者に対応したもので、実施の半年ほど前から英語を話せる社員などが中心になって準備と勉強を進めてきた。実施直後は、カタカナ英語で一生懸命といった感じで話す乗務員が多かったが、実施から1年を経過して、流ちょうに話せる車掌が次第に増えている。

いつも同じと思われがちな車内放送だが、そこには職人気質に通じる、こだわりがある。

!?

最近まで車内改札が行われていた意外な理由とは

特急列車なら、昔からお馴染みだった車掌による車内改札。しかし、今どきの新幹線では自由席など一部の例外を除き、行われていない。指定された席に座っている限り、誰にも邪魔されずにゆっくりできるようになった。

これは、車掌が手にしている車掌携帯端末に、指定席の利用状況が表示されるようになったおかげだ。端末は、指定券予約のマルスシステムとつながっており、どの座席が、どこからどこまで利用されているか、その座席のきっぷが改札を通ったかどうかが表示される。JR東日本の新幹線が、2002（平成14）年から車内改札を省略したのをはじめ、JR西日本やJR九州も同様に省略している。

これに対して、東海道新幹線が車内改札を省略したのは、2016（平成28）年3月のダイヤ改正からで、他社よりもずっと遅かった。

東海道新幹線が時代遅れだったのだろうか。そうではない。リアルタイムに座席状況を把握できるシステムはとっくに導入されていた。しかし、東海道新幹線は列車の本数があまりにも多く、指定された列車に乗らない乗客が多すぎたのだ。

1時間に最大10本以上の列車が運行される東海道新幹線は、指定券を持っていても、先発列車に乗ってしまうケースが多い。例えば、「のぞみ3号」の指定券を持った乗客Aが乗車駅に早めに到着し、たまたま見かけた1本早い「のぞみ1号」に乗ったケース。「のぞみ1号」の車掌は、乗客Aが所持していた3号の座席を、車掌携帯端末を操作してマルスに戻し、その座席は窓口などで別の乗客Bに販売される。ところが従来のシステムでは、「乗客Aが所持して改札を通過した3号の座席はキャンセルされた」という情報が車掌携帯端末に反映されず、3号の端末には、一つの座席を乗客Aと乗客Bの2人に販売してしまったかのように表示されていた。こうした例が多かったので、面倒でも全員のきっぷを確認していたのだ。

最新の端末では、「改札を通った後のキャンセル」も即座に反映されるようになり、重複表示がなくなった。さらに、スマホを使って発車直前まで何度でも列車を変更できる「エクスプレス予約」が普及し、別の列車の指定券を持ったまま先行列車に乗ってしまう事例が大幅に減った。ほぼ正確に着席状況を確認できるようになったので、車内改札の省略が可能になった。この結果車内での業務に時間的ゆとりが生じ、近年1本の列車に乗務する乗務員の数が見直された。

ワゴンサービスから避難誘導まで
接客サービスを担当するパーサーの気持ち

東海道新幹線には、多くの列車にパーサーと呼ばれる客室乗務員が乗務している。ジェイアール東海パッセンジャーズのクルーで、ワゴンサービス（車内販売）をはじめ、グリーン車の乗客へのサービスや車内巡回、避難誘導をはじめとする異常時の対応も、車掌と協力して行っている。また、新横浜発車時に各駅到着時刻を案内するのはパーサーの役割だ。パーサーは東京と大阪に合計約８００人が在籍しており、原則として「のぞみ」に3～4人、「ひかり」に3人、「こだま」に1人乗務している。チーフパーサーを中心とした主にグリーン車サービスや車内巡回を行う担当と、ワゴンサービス担当があり、乗客と接する機会も最も多い。ただし、「こだま」ではワゴンサービスは行っていない。

大阪列車営業支店に所属する霜田明美さんは、キャリア10年を超えるチーフパーサーだ。車内のクルーの取りまとめ役を担う責任者として乗務する。

「東京駅や新大阪駅を発車すると、まずグリーン車のお客様におしぼりをお配りして、その後車内を巡回します。この時に多いのが、間違えて乗車されたお客様のご案内です」

東海道新幹線は、最大3分以下の間隔で運行されているため、乗り間違いが多い。「のぞみ」の場合、新横浜を発車すると名古屋まで停車しないので、とても気を遣うそうだ。車内の巡回は、東京～新大阪間で3回程度行い、グリーン車のクリーンサービス（ごみ回収）の他、洗面台やトイレの点検も行う。必要に応じて、清掃などの整備を行うこともある。

――パーサーのおすすめはスイーツ類

ワゴンサービスは基本的に2人が編成の前後に分かれて担当する。混雑具合にもよるが、東京～新大阪間で2～3往復する。混雑して忙しい時だと、1往復しかできないこともあるので、何か買いたくなったら自分から買いに行く方がいい。

ワゴンは3段に分かれ、60種類程度の商品を扱っている。上段にはスイーツやお菓子類が、中段にはおつまみ、お土産、アルコール類が、下段には駅弁、サンドイッチ、アイスクリームなどが効率的に収められている。前面の引き出しは飲み物類、ポットにはホットコーヒーが入っている。朝を中心にサンドイッチがよく売れるが、観光客が増える週末などは駅弁もよく売れる。通常、十数食程度を積んでおり、万一売り切れた時は名古屋駅で追加できる場合もある。

４人乗務の場合は、ワゴンではなくトレイに商品を載せて車内をまわることがある。夜ならアルコールとおつまみ、朝ならコーヒーとサンドイッチなど、状況や時間帯によってパーサーが商品を選択する。

ワゴンサービスで不動の人気を誇るのが、アイスクリームだ。溶けないよう空気含有量を減らし、ドライアイスで管理していることから、やたらと硬い「シンカンセンスゴイカタイアイス」とメディアで紹介され人気沸騰。「そんなに硬いの？」と購入する人も。

意外な売れ筋は、テレホンカード。東海道新幹線には一部の車両にカード専用公衆電話があり、携帯電話のバッテリーが切れた時などに重宝されている。

では、パーサーのおすすめはなんだろう。

「実はスイーツが美味しいんです。クッキーは最近とても人気ですし、最近始めたフィナンシェも美味しいです。それから、コーヒーは車内にコーヒーマシンを設置していますので、タイミングによっては淹れたてをご提供できることもあります」

――「富士山を見ると、ほっとする」

東京〜新大阪２時間半を、１回の勤務で２〜３本、最大１往復半するクルーたち。キビキビと仕事をしながらも、気になる車窓がある。Ｐ１２８で紹介した「米原のトトロ」もその一つだが、霜田さんによればそれ以外にも仕事の合間につい見てしまう車窓がいくつかあるそうだ。

「浜名湖に浮かぶ赤い鳥居ですとか、清水港の大きいキリンのようなガントリークレーンですとかは、つい見てしまいます。でも、やっぱり富士山がきれいに見えると、ほっとします」

富士山といえば、霜田さんには思い出がある。海外から商談に来たという乗客が、富士山が見えるポイントを尋ねた。ところがその日は天気が悪く、見られそうもなかった。

「そこで、富士山を背景にした新幹線と、ドクターイエローのポストカードに英語で一筆書いてプレゼントしたんです。晴れたら富士山はこう見えます、ドクターイエローは、見られたら幸せになれるので、きっと商談もうまくいきますって」

その乗客は「あなたに会えてよかった」と、とても喜んだそうだ。

1日の乗務が終わった後は東京に宿泊することもあり、そんな時はライトアップされた東京タワーに癒される。

「みんな、今日も頑張ったねって思います」

揺れる車内で、車内巡回からワゴンサービスまでさまざまな仕事をこなすパーサー。2時間30分の旅に、さまざまな小さな出会いがある。

駅弁コラム

湖北のおはなし

米原駅　1200円　井筒屋

1987（昭和62）年、国鉄分割民営化によって発足したJR東海が行った「新幹線グルメ」の一つとして登場。鴨のローストや赤蕪、鶏のくわ焼き風、小芋・こんにゃく煮、山ごぼう漬けなど、滋賀県湖北地方の名物料理が竹製の折り詰めにぎっしり詰まっている。主食のおこわは、季節によって変わるのも楽しい。

井筒屋は、1889（明治22）年に東海道本線の開業とともに創業した駅弁業者で、近江牛を使った「近江牛大入飯」や季節限定の「琵琶湖の鮎氷魚ごはんと一夜干し」など、近江地方の特産品を使ったバラエティ豊かな駅弁を販売している。下りホームの売店は、新大阪止まりの列車が多いため昼過ぎで閉店してしまうので注意しよう。

※価格は2020年1月現在

第5章

知らなかった! 各駅の謎

東京駅

〈「裏口」から、もう一つの表玄関に成長した八重洲口〉

東京都千代田区

開業 1914（大正13）年12月20日

接続路線 JR東海道本線・東北本線・総武本線・中央本線・京葉線、東京メトロ丸ノ内線

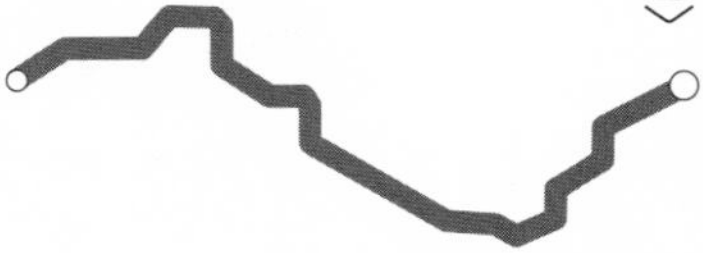

日本の玄関ともいえるターミナル。辰野金吾が設計し、2012（平成24）年に復元された丸の内口の赤レンガ駅舎が有名だが、東海道新幹線は八重洲側にある。

東京駅がある場所は、江戸時代まで各地の大名屋敷が並んでいた場所で、今の八重洲中央口付近には松本藩、南口には津山藩、北口には吉田（豊

（右上）日本の鉄道文化のシンボルでもある東京駅の赤レンガ駅舎（左下）船の帆をイメージした八重洲口グランルーフ

橋）藩の屋敷があった。明治維新後は一時陸軍の施設や裁判所が置かれ、明治末期にはそれも移転して南口付近に警視庁があった他は野原となるなど、明治期を通じて次々と風景が変わった場所だった。

１９１４（大正３）年に東京駅が開業してからしばらくは、八重洲側に改札口はなかった。現在は外堀通りとなったお堀に八重洲橋がかけられ、八重洲口が誕生するのは１９２９（昭和４）年のことだ。この頃は、現在の新幹線ホームのあたりには車両基地があり、丸の内側から八重洲口へは長い跨線橋を渡った。八重洲一帯の住民のための改札口で、長距離列車のきっぷは売っていなかった。

八重洲口が注目されたのは、戦後のことだ。丸の内駅舎が空襲で被災し、駅の機能が八重洲口に移されたのだ。１９４８（昭和23）年11月には、鉄筋コンクリート製の本格的な駅舎が竣工したが、わずか５カ月後の１９４９（昭和24）年４月に火災で焼失。結局、丸の内駅舎の修復工事が完成すると、駅の中心は再び丸の内に移った。

八重洲口の本格的な発展が始まるのは、１９５４（昭和29）年に鉄道会館が完成し、大丸百貨店が開店してからだ。東海道新幹線が開業すると「裏口」イメージは払拭され、八重洲地下街のオープンによって繁華街が発達。こちらが表玄関のような趣になった。

現在の八重洲口は、船の帆をイメージしたグランルーフがシンボルとなっている。

しながわ

Shinagawa

〈東京第二のターミナルとして誕生した17番目の駅〉

品川駅

東京都港区

開業 1872（明治5）年6月12日

接続路線 JR東海道本線、山手線、京浜急行電鉄

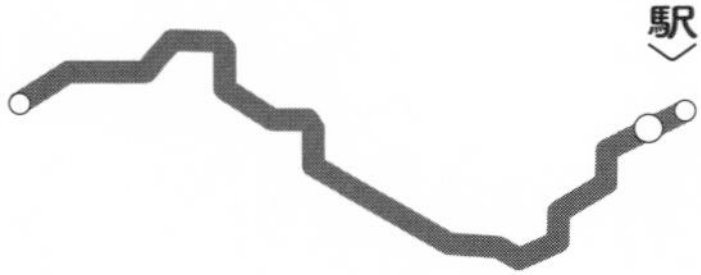

東海道新幹線としては２００３（平成15）年10月1日に開業した駅で、全17駅中最も新しい。上下線に島式ホームが1本ずつある2面４線で、すべての列車が停車する。限られた用地を巧みに使って設計されたためホームが狭く、ホームには売店がない。

品川駅が、新幹線開業から40年近くも経ってか

再開発が進み今後大きく姿を変える品川駅の全景

ら建設された理由は、車両基地の位置にある。開業当初、現在の品川駅港南口に設置された車両基地はすぐに手狭になり、1973（昭和48）年、大井ふ頭の埋立地に新たな車両基地が建設された。しかし、東京駅を発着する列車が車両基地に出入りしようとした場合、東京駅から田町付近まで本線上を回送しなくてはならない。回送列車が通る時間は営業列車が走れないため、その時間だけ線路がぽっかり空いてしまう。これが、列車増発のネックとなっていた。

品川は、車両基地への分岐点よりも大阪寄りにある。ここに折り返し設備のある駅を設ければ、車両基地への回送列車に縛られることなく、折り返し運転が可能になる。東海道新幹線のターミナルを、東京駅と品川駅の二本立てとすることで、運行密度を最大に高めようとしたのである。

もっとも、現在品川駅を始発とする列車は早朝の1本しかない。それでも、品川駅ができたことで、東京南部・西部の人々が新幹線にアクセスしやすくなり、便利になった。上野東京ラインの開業で常磐線列車の始発駅が品川となり、千葉・茨城方面の人の利用も増えている。

新幹線ホームの直下40メートルでは、リニア中央新幹線の乗り場も建設中で、今や品川は新幹線になくてはならない駅となっている。

しんよこはま
Shin-Yokohama

新横浜駅

〈一面の田んぼから半世紀で新都心に大成長〉

神奈川県横浜市港北区

開業　１９６４（昭和39）年10月１日

接続路線　ＪＲ横浜線、横浜市営地下鉄ブルーライン

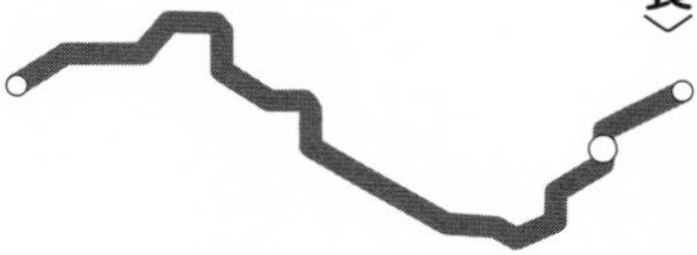

東海道新幹線の開業と同時に新設された駅だ。開業当初は、横浜市郊外の農村地帯で、停車する列車も「こだま」に限られたが、１９７６（昭和51）年７月から一部の「ひかり」が、２００８（平成20）年からはすべての列車が停車するようになった。現在は１日上下合わせて最大約４００本もの列車が発着し、利用者数は７万人近くに及ぶ。

横浜の新都心としてすっかり定着

朝6時には当駅始発の「ひかり」も運行され、首都圏から新大阪に最も早く到着できる列車となっている。

乗り場は上下各1本の島式ホームが並ぶ2面4線で、名古屋駅と同じ構成だ。建設当時は田畑しかなかった新横浜駅にこれだけの規模の駅を設けたのは、将来の発展を見越してのことだった。また、開業以来長い間、通過列車があったのに通過線が設けられなかったのも、いずれ全列車が停車すると見越していたのかもしれない。

新横浜駅は、戦前の弾丸列車計画（p10）でも、現在の位置に設置されることが決まっていた。戦後の新幹線計画では、現在位置だけでなく、横浜駅や東神奈川駅への乗り入れ、あるいはより北側の小机駅付近も検討されている。東神奈川案は、新幹線の起点が新宿駅などになった場合には有力とされたが、東京起点が確実になると用地確保の問題から消えた。小机案は、現在の新横浜駅北口一帯の地質が悪かったため検討されたが、地質に大差がなかったのと、横浜市がこれ以上市街から離れることに難色を示したため外された。もし、小机駅が新幹線停車駅になっていたら、今の日産スタジアム付近を通過していたはずで、新横浜の風景は大きく変わっていただろう。

2022年度には相鉄東急直通線が開業する予定で、相鉄沿線や東京都心と直結される。新横浜駅は、横浜駅をも凌ぐ交通の要衝に成長しつつある。

おだわら
Odawara

〈5つの鉄道会社が集まる駅〉

小田原駅

神奈川県小田原市

開業 1920（大正9）年10月21日

接続路線 JR東海道本線、小田急電鉄小田原線、箱根登山鉄道線、伊豆箱根鉄道大雄山線

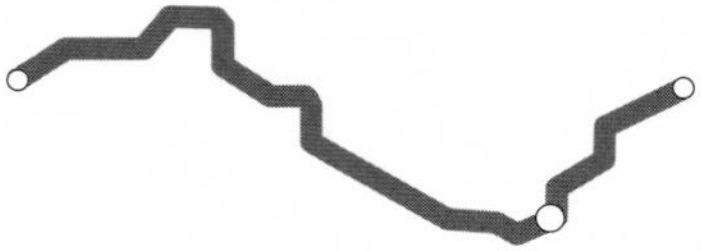

小田原は、古くは後北条氏の城下町で、江戸時代には東海道の宿場が置かれ、交通の要衝として栄えた町だ。だが、小田原駅の開業は、1920（大正9）年と意外なほど遅い。東海道本線が、明治時代に建設された際、箱根山地の急峻な地形を避け、国府津から御殿場を経由して沼津に抜けるルートで建設されたからだ。国府津《こうづ》〜小田原間に

近年は箱根観光の外国人でも賑わう

は、現在の箱根登山鉄道のルーツとなる馬車鉄道が開業したが、文明開化のメインルートからはずれた小田原はしばらく寂れてしまった。

国府津～小田原～沼津間に東海道本線のバイパス線を建設する計画が立ち上がったのは、明治末期の1909（明治42）年のことだ。そして1920年、熱海線国府津～小田原間6・2キロが開業し、ようやく小田原に鉄道時代が訪れた。当時、小田原城址には皇室の小田原御用邸があり、駅舎には皇室用の車寄せも設けられた。この駅舎は戦災を逃れ、2002（平成14）年度まで使われた。

現在、小田原駅にはJR東海、JR東日本、小田急電鉄、箱根登山鉄道、伊豆箱根鉄道と、実に五つの鉄道会社が同一構内に乗り入れている。これは、17ある東海道新幹線の駅の中で最も多い。一番歴史が古いのは箱根登山鉄道で、国府津から小田原市街を通って湯本（現在の箱根湯本付近）までの馬車鉄道をルーツとしている。この馬車鉄道はその後小田原電気鉄道と名称を改め、1900（明治33）年に路面電車に転換。京都市電、南海電鉄、大師電気軌道（現・京浜急行）に次ぐ国内4番目の電気鉄道となった。ただし、現在の小田原駅に乗り入れたのは、1935（昭和10）年10月1日で、新幹線を除くと最も遅い。

現在は、新幹線と東海道本線、そして小田急電鉄が都心からの乗客を激しく奪い合っている。

あたみ
Atami

熱海駅

〈日本で初めてホームドアが導入された駅〉

静岡県熱海市

開業 1925（大正14）年3月25日

接続路線 JR東海道本線・伊東線

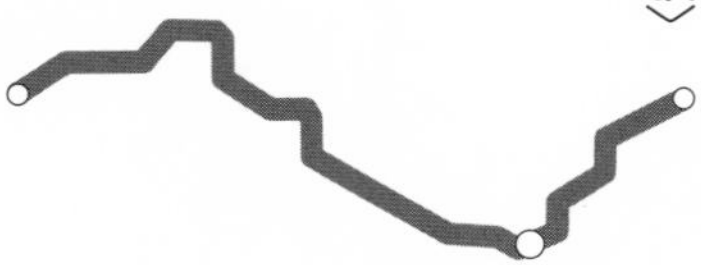

日本を代表する温泉街の玄関口にある駅だ。戦前の弾丸列車計画（p10）では、熱海に駅を設置する計画はなかったが、戦後温泉街や伊豆半島の観光化が進んだことから、観光客輸送を見込んで駅が設置された。停車する列車はほとんどが「こだま」で、「ひかり」は通常1日上下各3本しか停車しない。

駅ビル「ラスカ熱海」に生まれ変わった

熱海の町は、多賀火山と呼ばれる、昔島だった伊豆半島が本州に激突してできた火山の跡が海に浸食されてできた場所にある。崖が海に迫り、駅の周辺に平地はほとんどない。そのため東海道新幹線の熱海駅ホームは、在来線ホームと崖とに挟まれた「棚」のような場所に建設された。ホーム自体も半径3500メートルの曲線上にあり、駅のすぐ西側には、東京都周辺を除くと最も急カーブとなる半径1500メートルの曲線があるため、通過列車は時速185キロ以下に減速しなくてはならない。そして、土地に全く余裕がないため、多くの列車が通過するにもかかわらず、通過線がない。熱海駅が、いかに狭い場所に工夫を凝らして設置されたかがわかるだろう。

そんな熱海駅のホームは、日本で初めて「ホームドア」が設置された駅だ。通過列車は、ホームを時速180キロほどで通過する。そのため1974(昭和49)年に、国内初となる自動開閉式のホームドア(正確にはホーム柵)が設置された。

東京〜熱海間は、JR東海の新幹線とJR東日本の在来線が競合している。所要時間は新幹線の約45分に対し、在来線は2倍近い80分を要する一方、運賃・料金は400円しか違わない。(在来線は特急『踊り子号』指定席利用の場合)ネット予約なら新幹線の方が安くなる。では、新幹線の方が有利かと思いきや、行楽輸送はJR東日本が優勢だ。特に乗換なしで伊豆方面まで直通できるのが強みとなっている。

みしま
Mishima

〈ホームが1本しかない駅〉

三島駅

静岡県三島市

開業　1934（昭和9）年12月1日

接続路線　JR東海道本線、伊豆箱根鉄道駿豆線

三島は、三嶋大社の鳥居前町で、江戸時代には東海道の宿場として栄えた町だ。三島駅南口の駅舎は、開業以来富士山と三嶋大社を模した三角屋根のデザインで、2013（平成25）年に建て替えられた際にも、初代駅舎と同じデザインが踏襲された。現在は1時間に2本の「こだま」と、2時間に1本の「ひかり」が停車している。

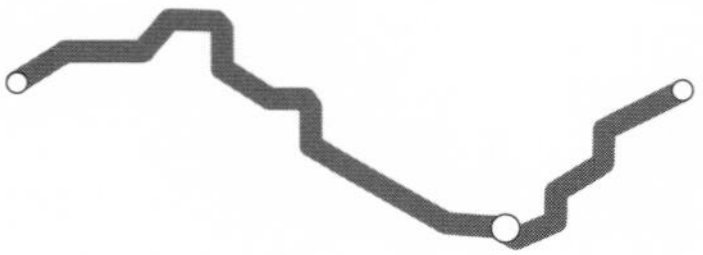

三島神社をモチーフとした旧駅舎（左）のコンセプトを受け継ぐ駅舎（上）

現在の三島駅は、1934（昭和9）年に丹那トンネルが開業して、東海道本線が熱海経由のルートに変更された際に開業した駅だ。それ以前は現在の御殿場線下土狩《しもとがり》駅が三島駅を名乗っていた。その三島駅も、1889（明治22）年に東海道本線が開業した時には存在しなかった。1898（明治31）年6月15日、ようやく市街から遠く離れた下土狩に初代三島駅が設置された。この時、駿豆《すんず》鉄道（現在の伊豆箱根鉄道駿豆線）も旧三島駅を起点として開業している。元は沼津起点を予定していたが、三島の人々の熱心な誘致によって、旧三島駅を起点とした。それから36年後、念願叶って現在の三島駅が開業したのだが、こちらも開業当時は陸軍練兵場が広がる郊外だった。

最大の特徴は、1本の島式ホームの両側にそれぞれ下りと上りの列車が発着し、その外側に「のぞみ」などが通過する線路があることだ。これは、当駅折り返しの「こだま」が設定される前提で設計されたためだ。小田原駅などのように、外側にホームを設置し、中央に通過線を設けた場合、折り返し列車として反対側のホームへ移るには、通過線を横断しなくてはならない。島式ホームなら、本線は外側にあるので、通過線を通ることなく移れるというわけだ。

ただし、三島駅でそのまま折り返す列車はほとんどなく、この構造はあまり活かされていない。このような構造を採用した新幹線駅は他になく、三島駅が唯一の存在だ。

しんふじ
Shin-Fuji

〈他の鉄道と一切連絡していない駅〉

新富士駅

静岡県富士市

開業　1988（昭和63年）3月13日

接続路線　なし

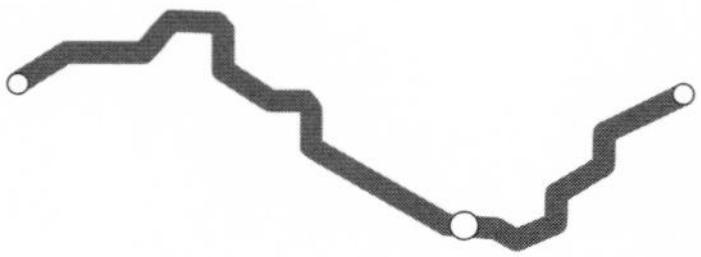

地元の請願によって開業した駅で、1時間に2本、「こだま」のみが停車する。開業当時は、駅の北西約20キロの位置にある、日蓮正宗の総本山・大石寺を参拝する創価学会員の利用が多かった。しかし、1991（平成3）年に日蓮正宗と創価学会の関係が変化した結果、利用者が激減。現在は富士市周辺の企業への通勤・出張客の利用

ビジネス利用が多く周辺にはレンタカーやカーシェアリングが充実

が多い。工場が多いため、毎年春になると新入社員研修が多く行われ、フレッシュなスーツ姿の若い人たちを大勢見かける。

新富士駅は、東海道新幹線の駅で唯一、他の鉄道路線と一切連絡していない。富士市の中心である東海道本線富士駅からは2キロほど離れており、バスで7分ほどかかる。このため富士市では、JR北海道が開発していた線路と道路の両方を走れるデュアルモードビークル（DMV）の導入を検討したことがある。新富士駅から、富士駅を経由して市内を走る岳南電車に乗り入れるというものだったが、経営難に陥ったJR北海道がDMVの開発を断念したことなどから、実現していない。なお、新幹線のルート選定時には、富士駅の南口付近を通る案も検討されており、こちらが採用されていれば新駅は「新富士駅」ではなく在来線に接続する「富士駅」となっていたかもしれない。

駅は富士山全景がよく見える位置にあるが、ホームの大部分が上屋に囲われており、壁面がガラス張りになっている。直接富士山を見晴らせる場所は、上りホームの両端、各5メートルほどの狭いスペース。「こだま」は当駅でたいてい5分程度停車するので、晴れた日ならホームに降りて眺めるとよい。ただし、大阪側は手前に電線が入り、東京側は携帯電話のアンテナが目立つなど、撮影ポイントとしては少し惜しい。

しずおか
Shizuoka

静岡駅

〈悲願の「のぞみ」停車はいつ叶う?〉

静岡県静岡市葵区

開業　1889(明治22)年2月1日

接続路線　JR東海道本線

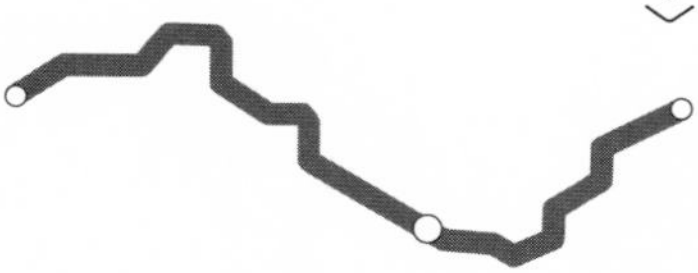

静岡という地名は意外に新しい。江戸時代までは「駿河《するが》府中《ふちゅう》」、略して「駿府《すんぷ》」と呼ばれていたが、明治維新後まもなく名称を変更することになった。そこで、駿府城の北にある賤機山《しずはたやま》にちなみ、縁起のよい漢字を当てて「静《しず》」「静岡《しずおか》」「静城《しずき》」の3候補を提案したところ、明治新政府が「静岡」を選んだ。

駅周辺のにぎわいが独特な静岡駅

静岡駅は、明治中期の開業以来、静岡県の県庁所在地駅として多くの人に利用されてきた。東海道新幹線が開業した際には、朝夕に当駅発着の列車が設定されるなど、東海地方の交通の要衝となっている。三島駅に隣接する車両基地は、計画時点では静岡駅の周辺に設置されるはずだったが、駅周辺の地価が高く、確保困難だったことから取りやめとなり、東海道本線三島駅付近に建設された。

２０２０（令和２）年現在、１時間に2本の「こだま」と１本の「ひかり」を基本とし、早朝と深夜には通勤輸送を目的とした区間運転の列車が増える。名古屋方面、東京方面双方に区間運転の列車が設定されているところが静岡駅の特徴だ。

だが、人口70万人の政令指定都市でありながら、「のぞみ」が一切停車しないことから、しばしば議論の種になってきた。２００２（平成14）年、品川駅の開業を控えて「ひかり」「こだま」の特急料金を「のぞみ」並みに引き上げるという話が出た際には、当時の静岡県知事が議会で「県内に『のぞみ』を停めないなら、のぞみ通行税を検討する」と発言して物議をかもした。だが、ＪＲ東海は少なくともリニア中央新幹線の開業までは東・横・名・京・阪という5都市の都市間輸送を最優先に考えているようだ。静岡駅ホーム端には、通過列車から駅名がわかりやすいよう、斜めに配置された駅名標が設置されている。これが、静岡駅の立場を端的に示している。

かけがわ
Kakegawa

掛川駅

〈市民の熱意で生まれた、木造駅舎がある駅〉

静岡県掛川市

開業 1889（明治22）年4月16日

接続路線 JR東海道本線

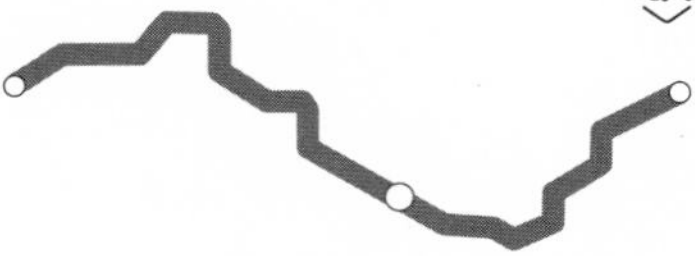

1988（昭和63）年3月13日に、地元からの請願によって開業した新幹線駅で、「こだま」のみが停車する。掛川という地名は、市の中心部を流れる逆川に切り立った崖、つまり懸崖が多かったことから「懸河」と呼ばれるようになったとする説が有力だ。

掛川駅は、住民が駅誘致に積極的に参加した駅

木造駅舎は町のシンボル

として知られる。建設費136億円のうち、30億円は市民からの募金を原資としていた。現在の利用者（乗車のみ）は1日約1万1000人で、このうち4000人程度が新幹線の利用者だ。市内には大手企業の工場が多く、ビジネス客の利用が多い。

そんな掛川駅最大の特徴は、東海道新幹線唯一の木造駅舎があることだ。掛川駅南口駅舎は、1933（昭和8）年に新築し、1940（昭和15）年に改築された駅舎を長年にわたって使い続けてきた。ところが、2008（平成20）年にJR東海が耐震化に伴う建て替え工事計画を表明。これに対し市民が木造駅舎保存の声をあげ、議論の末に旧駅舎をいったん解体したうえで、既存の部材を可能な限り流用して、ほぼ同じ外観の新駅舎を建設したのである。

この手法によって、掛川市は1億1000万円の負担が追加で必要になったが、新幹線駅を誘致した時と同様、その一部を市民からの募金でまかなうこととした。募金は5000万円を目標としたが、実際には予想を大きく上回り、最終的に6758万4932円もの資金が集まった。

新しい駅舎は、2014（平成26）年1月26日から使用が開始された。建築物としては新規に建てられたものだが、屋根の形、壁の風合、窓の位置や大きさなど、その姿は旧駅舎と全く同じ。新旧両駅舎の写真を並べても、「まちがい探し」よりも難しい。

はままつ
Hamamatsu

〈改札内でピアノを弾ける駅〉

浜松駅

静岡県浜松市中区

開業 1888（明治21）年9月1日

接続路線 JR東海道本線

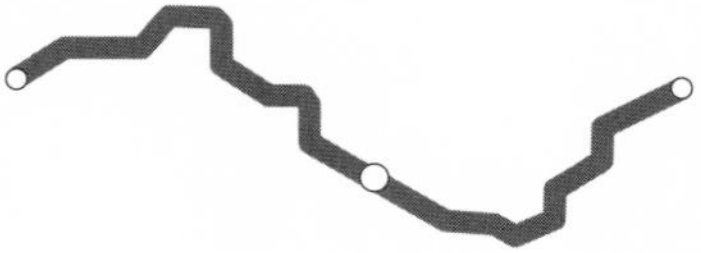

人口約80万人、静岡県最大の都市・浜松市の玄関だ。浜松市はヤマハ、スズキなど日本を代表する企業が集まる政令指定都市で、楽器とバイクの町として知られる。駅前に建つ高さ212メートルのアクトシティ浜松は、ハーモニカをモチーフとしたデザインだ。

新幹線駅としての浜松駅は、静岡駅と同様、1

地下1階から8階まで賑わう駅ビル「メイ ワン」

時間に2本の「こだま」と、概ね1時間に1本の「ひかり」が停車する。市全体の人口は静岡市よりも多いが、1日の推定乗降人数は静岡駅の4万2000人に対して浜松駅は2万8000人と県庁所在地に水をあけられている。

そんな浜松駅には、改札内にピアノが展示されている。新幹線改札からホームへ向かうスペースに大小二つの展示スペースがあり、ヤマハ、河合楽器、スズキ自動車の3社が1年ごとに自社製品を展示しているのだ。3社が2カ所を交代で使用しているため、たいていヤマハか河合のピアノが置かれている。以前は音がほとんど鳴らないよう調整されていたが、近年は定期的に調律され、誰でも自由に弾くことができる。写真や動画を撮影できるようスマホスタンドまで設置されているから驚きだ。SNSで拡散されることによるPR効果を狙ったもので、ネットを検索すると「浜松駅でピアノを弾いてみた」系の動画がたくさん見つかる。街角にピアノを置き、音楽のある町を創り出すストリートピアノ・ムーブメントの一環だ。

ピアノを弾いていく利用客は意外なほど多い。少し待っていれば高い確率で演奏を聴くことができる。ビシッとスーツを着込んだビジネスマンが、さらりと曲を演奏し、ホームや改札に去って行く姿は実に格好いい。ピアノを弾くのに事前の予約などは必要ないが、通行の邪魔をしたり、楽器を持ち込んでのセッションをしたりすることは禁止だ。

Toyohashi《とよはし》

〈明治政府によって地名を変えさせられた〉

豊橋駅

愛知県豊橋市

開業 1888（明治21）年9月1日

接続路線 JR東海道本線・飯田線、名古屋鉄道本線、豊橋鉄道渥美線・豊鉄市内線

東三河地方の交通拠点駅。現在は1時間に2本の「こだま」と、2時間に1本の「ひかり」が停車する。豊橋停車の「ひかり」は、新横浜〜名古屋間で豊橋以外ノンストップの列車が多く、「ひかり」にしては速達であるとして東京〜名古屋間の利用者にも人気がある。

豊橋という地名は、「豊川にかかる橋」に由来

駅ビル内にホテルを併設する

する。江戸時代までは三州吉田と呼ばれ、駅の北東にある城も吉田城だ。明治維新にあたり、吉田という地名が各地にあることから新政府に改名を求められた。吉田藩は「豊橋」「関屋」「今橋」の３案を挙げ、この中から新政府によって「豊橋」が選ばれた。

豊橋駅には、三つの鉄道会社の５路線が乗り入れているが、このうちＪＲ飯田線と、名古屋鉄道名古屋本線はホームと線路を共用している。飯田線の前身である豊川鉄道と、名鉄の前身である愛知電気鉄道が提携し、お互いが建設した吉田（豊橋駅のこと）〜伊奈間の線路を、複線として共有したからだ。これが、ＪＲ東海と名鉄になった今も続いており、飯田線と名鉄の乗り場が同じ改札内で並んでいる。名鉄の乗り場（３番線）が、飯田線と東海道本線の乗り場に挟まれる形になっているのがユニークだ。

新幹線の豊橋駅は、東海道新幹線としては珍しく、新幹線のホームが地面の高さにあることが特徴だ。前後は高架線で、ちょうど豊橋駅のところだけ、18パーミルという新幹線としてはかなりの急勾配で降りてくる。これは、豊橋駅の前後が跨線橋に挟まれているためだ。特に名古屋寄りの城海津跨線橋は１９５３（昭和28）年４月完成と新しく、撤去するわけにはいかなかった。そこで国鉄は、豊橋駅の前後だけ地上に降りて、跨線橋をくぐる形にしたのである。開業当時は、在来線との乗り換えがしやすいと歓迎されたが、町を東西に分断してしまい、現在では町づくりのネックにもなっている。

みかわあんじょう

Mikawa-Anjo

〈隠れた名所？の「お化け通路」が待つ〉

三河安城駅

愛知県安城市

開業　1988（昭和63）年3月13日

接続路線　JR東海道本線

新富士駅や掛川駅とともに、1988（昭和63）年3月13日に開業した。地元の請願によって建設された駅で、現在は1時間に原則2本の「こだま」のみ停車する。農業が盛んな（p120）愛知県の西三河地方、安城市内の東海道本線と東海道新幹線が交差する場所にあり、新幹線駅の開業に合わせて在来線の駅も設置された。

新幹線と在来線をつなぐ「お化け通路」（上）。奥に向かって登り？下り？

西三河地方に新幹線新駅を設置する構想が本格化した1980年代初頭、新駅の候補地は4カ所あった。一つは、最長直線区間の東京方スタート地点であるJR幸田駅付近。二つめが岡崎市内。ここは他の鉄道と連絡しなかったが、岡崎駅から新交通システムを整備する構想があった。三つめが、名鉄西尾線碧海古井駅との交差部。そして、三河安城駅となった安城市二本木地区の4カ所だ。早い段階から熱心だったのが幸田町で、観光地である蒲郡市や大都市である岡崎市に近いとの触れ込みだった。しかし、西三河の中心地から離れるうえ、ちょうど幸田駅との交差部に曲線があり、在来線に直結させるのが難しかった。碧海古井駅も有力な候補だったが、用地が狭く、また当時の国鉄が私鉄との連絡を嫌ったため脱落したといわれる。結局、愛知県の裁定によって、安城市二本木に新駅「三河安城」が新設された。

三河安城駅は、新幹線と在来線の交差部から300メートルあまり東側に設けられ、二つの乗り場は駅前広場を挟んで150メートルほど離れている。乗り換え時はいったん改札外に出て屋内の連絡通路を歩くのだが、この通路が面白い。駅前広場の車道を越えるため、新幹線駅側からごく緩やかな上り坂になっているのだが、立ち止まると上り坂なのか下り坂なのかわからなくなる。高齢者のために所々に平坦な場所を設けている構造が目の錯覚を誘うのだ。右ページの写真は、奥に向かって下りが正解だ。

なごや
Nagoya

名古屋駅

〈きしめんは在来線ホームがおすすめ〉

愛知県名古屋市中村区

開業 1886（明治19）年5月1日

接続路線 JR東海道本線・中央本線・関西本線、名古屋臨海高速鉄道あおなみ線、名古屋市営地下鉄東山線・桜通線

中京地方の中心駅。1日の新幹線利用者数は推定14万8000人で、東京駅、新大阪駅に次ぐ第3位だ。1時間に最大14〜16本の列車が発着し、当駅を始発・終着とする列車も多いが、新幹線のホームは2面4線しかなく、混雑時には前の列車が発車する前に、隣のホームに次の列車が入ってくる。戦前の弾丸列車計画（p10）では3面6線

高島屋デパートなどが入るツインタワー

を計画していたが、戦後駅周辺に家屋が増え、用地が確保できなかった。岐阜羽島駅が設けられた理由の一つが、名古屋駅が狭くてダイヤが乱れた時に列車を待機させるスペースがなかったことだともいわれている。ホーム下の改札内コンコースも東京駅などより狭い。

当駅で折り返す列車があるため、駅の新大阪方には電車が折り返す電留線があるが、ここは元々新幹線貨物列車の着発線となるはずだったスペースだ。名古屋駅の北西、庄内川沿いには現在新幹線の車両基地があるが、ここに隣接して名古屋新幹線貨物ターミナルが建設される構想だった。

現在の駅ビル、ＪＲセントラルタワーズは１９９３（平成７）年に竣工した4代目で、最も高いところで地上２４５メートルもある超高層ツインタワーだ。以前は、「世界一高い駅ビル」としてギネス認定もされていた。現在は、「駅ビル」の定義が曖昧なことから項目がなくなり、駅ビルとしても大阪阿部野橋駅のあべのハルカス（３００メートル）に追い越された。

名古屋駅の名物は、なんといってもホームのきしめん屋だ。新幹線、在来線ともすべてのホームにきしめんの立ち食い店がある。複数の業者が入っているが、最も多いのが「住よし」。新幹線ホームの店舗はスピード重視だが、在来線ホームの店舗はお酒やつまみも充実しており、立ち飲み屋としても重宝する。

ぎふはしま
Gifu-Hashima

岐阜羽島駅

〈実は重要な役割を担う利用者最少の駅〉

岐阜県羽島市

開業 1964（昭和39）年10月1日

接続路線 名古屋鉄道羽島線（新羽島駅）

濃尾平野の中央、木曽川と長良川に挟まれた場所にある駅だ。新幹線で岐阜市内へ向かう人は、名古屋あるいは米原で降りて在来線を利用する人が多く、岐阜羽島駅の1日の利用者は約2900人（乗車のみ）と東海道新幹線で最も少ない。

列車は、「こだま」と新大阪発着の「ひかり」が1時間に1本ずつ停車する。「ひかり」は、名

開業当時から雰囲気があまり変わらない

古屋〜新大阪間が各駅停車のタイプだ。改札内に売店はなく、多くの「こだま」は3〜6分停車するものの駅弁を買うことは難しい。

岐阜羽島駅には、大雪など輸送障害が起きた際の待避基地としての役割がある。新幹線が計画された当初、名古屋〜米原間に駅は設置されない方針だった。しかし、名古屋駅が2面4線・待避線なしという狭い構造になり、関ケ原付近の雪などで列車が遅れた場合に、名古屋駅に列車を収容しきれない恐れが出てきた。そこで、名古屋〜米原間の中間点に十分な待避施設を備えた駅を置いたのである。

そしてもう一つ、「岐阜県の新幹線駅」としての役割がある（p46）。東海道新幹線の計画時、岐阜駅経由を強く主張する岐阜県の有力者たちを抑えたのが、与党の大物政治家だった大野伴睦《ばんぼく》だ。駅前には大野伴睦とその妻の銅像が立つ。タバコを手に、一歩下がった妻に岐阜羽島駅を指し示す姿は、昭和の政治家像を象徴している。

開業から半世紀余りが経過した今も、周囲に高層ビルは少なく、駅前には駅の利用者よりも新幹線の乗客に向けた巨大な広告看板が多い。

名神高速道路のインターチェンジに近く、郡上・高山方面へのアクセスに便利な位置でもある。名古屋市内の渋滞を避けて、ここからレンタカーを利用する人や、当駅で参加者をピックアップするバスツアーも多い。

まいばら
Maibara

米原駅

〈北陸方面への接続を大きな使命とする〉

滋賀県米原市

開業　1889（明治22）年7月1日

接続路線　JR東海道本線・北陸本線、近江鉄道本線

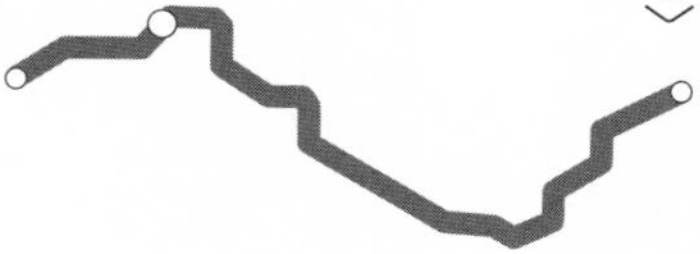

米原は、古くから北陸へ向かう北国街道と中山道が分岐する交通の要衝だ。米原駅も、ＪＲ東海道本線と北陸本線の分岐駅であり、近江鉄道の起点でもある。しかし、米原市は人口３万８０００人の小さな市で、利用者も北陸方面などへ乗り換える客が主体だ。新幹線は１時間に概ね２本、「ひかり」と「こだま」が１本ずつ停車し、下り

のどかさでは東海道新幹線随一

「ひかり」は、ほとんどが北陸本線の特急「しらさぎ」に接続している。

東海道新幹線のルート選定時には、当初米原ではなく市街が発展している彦根に駅を設置することが検討された。しかし、用地確保のコストが高くなるうえ、北陸方面との乗り換えが不便になることなどから見送られた。このことからも、米原駅が在来線との接続を主な使命として設けられたことがわかる。開業当時は米原町《まいはら》にあり、東海道新幹線で唯一、市ではなく町に設置された駅として話題になった。その後、2005（平成17）年に米原町は町村合併によって米原市となり、読み方も古くからの「まいはら」から駅名に合わせて「まいばら」に改められた。

そんな米原駅の特徴は、豊橋駅と同様、高架駅ではなく地平にホームがあることだ。こうした構造になった理由は「米原駅が交通の要衝だったから」。かつての米原駅は、構内に機関区や操車場などさまざまな鉄道施設があった。このため、駅と交差する道路は古くからすべて地下道になっており、コストをかけて高架線を建設する必要がなかったのだ。今では米原機関区はなくなり、風格のあった駅舎は取り壊されて橋上駅となった。

観光地などもほとんどない米原だが、駅前の国道8号を渡ると、旧中山道の宿場町が姿を残す。北国街道との分岐や、歴史ある宿屋も健在で、江戸時代から現代に至る交通の歴史を感じとることができるだろう。

きょうと
Kyoto

京都駅

〈4代目駅舎も20周年を超え京都名所に定着〉

京都府京都市下京区

開業 1877（明治10）年2月6日

接続路線 JR東海道本線・山陰本線・奈良線、京都市営地下鉄烏丸線、近畿日本鉄道京都線

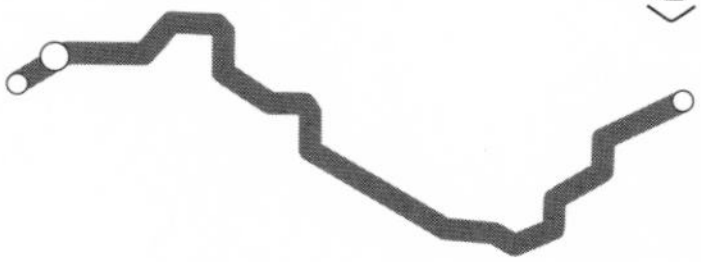

言わずと知れた、京都市の表玄関だ。だが、その位置は京都の中心部から離れている。京都の中心部は烏丸五条付近だが、京都駅はそこから1キロほど南の八条通り付近に位置している。1877（明治10）年に京都〜神戸間官設鉄道の始発駅として開業した時には、いまよりも140メートほど北、京都タワーの前あたりに駅舎があり、七

怪獣映画で破壊されるほど注目を集めた

条の方が近かったので「七条ステンショ」と呼ばれた。現在の場所に駅舎が移転したのは、1914（大正3）年のことだ。ルネサンス風のしゃれた2代目駅舎が建てられ、駅前広場には噴水庭園も設けられた。この駅舎は、1950（昭和25）年に火災で全焼。1952（昭和27）年に鉄筋コンクリート製の駅舎に生まれ変わった。

現在の駅舎は1997（平成9）年竣工の4代目で、後に札幌ドームなども設計した原広司のデザインが、国際コンペによって採用された。駅を、歴史への門と捉え、京都のまちの条坊制（碁盤の目状のまち区画）もデザインに取り入れられた。4000枚ものガラスを使った駅舎は高さ60メートルの巨大な吹き抜け構造で、計画時には「未来的すぎて京都の景観を損なう」という意見もあった。現在では、京都タワーや東寺五重塔などと並ぶ、京都の観光名所となっている。

東海道新幹線の乗り場は南側にあり、1階が店舗、2階が改札ホール、3階が乗り場という明快な設計だ。改札内には数多くの店舗があり、お土産はもちろん、地酒やクラフトビールなどさまざまな飲食物を購入できる。ただし、最終便に近くなると、ほとんどの駅弁が売り切れてしまうので、夜の新幹線でゆっくり過ごそうという人は注意が必要だ。

新大阪方の改札口は、近鉄の乗り場と向かい合わせになっており、乗り換えしやすい。近鉄のホームは、新幹線の真下にある。

しんおおさか
Shin-Osaka

〈山陽新幹線と接続するターミナル〉

新大阪駅

大阪府大阪市淀川区

開業 1964（昭和39）年10月1日

接続路線 JR東海道本線
おおさか東線
大阪メトロ御堂筋線

東海道新幹線の開業と同時に新たに設置されたターミナルだ。戦前の弾丸列車計画（p10）では700メートル離れた東淀川駅に設置される予定だったが、家屋の立ち退きが少なく済み、宮原操車場の敷地を活用できることから変更された。

現在は、東海道・山陽新幹線とJR東海道本線の他、おおさか東線、大阪メトロ御堂筋線が乗り

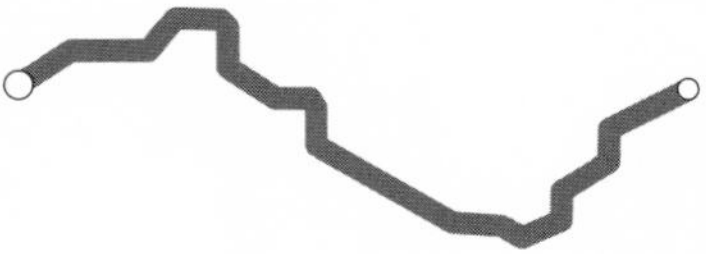

外観は開業当時の姿を残す。後方のビルは阪急駅予定地に建つ

入れる。１９７２（昭和47）年には山陽新幹線が開業、２０１１（平成23）年には九州新幹線が直通運転を開始し、東西両方向へ折り返し列車が多数設定されている。

こうした状況に対応するため、２００７（平成19）年から大規模な改良工事が行われ、コンコースなどもすっかりリニューアルした。２０１３（平成25）年には新たに27番線が新設されて5面8線となり、折り返し運転が可能な引き上げ線も増設されて、より多くの列車が効率的に発着できるようになっている。新幹線改札内には、大阪の名店を集めた駅ナカ飲食施設「大阪のれんめぐり」もあり、改札内で大阪を満喫できる。

そんな新大阪駅だが、本来は阪急電鉄が乗り入れることになっていた。阪急京都線淡路駅から、新大阪駅を経て十三駅に至る新大阪連絡線で、新大阪駅の各施設は、阪急乗り入れを前提とした設計になっていた。しかし、新大阪周辺に繁華街が発展しなかったこともあり、十三～新大阪間の計画は今もあるが、実現していない。阪急の駅予定地には、現在阪急新大阪ビルがある。

２０１９（平成31）年3月には、ＪＲおおさか東線が延伸し新大阪駅が始発駅となったが、駅ナンバーは「Ｆ02」。新大阪駅から、さらに一駅延伸する可能性が見て取れる。それは、大阪駅北側の貨物駅跡に建設中の、なにわ筋線北梅田駅（仮称）への接続ではないかといわれている。

著者

栗原 景（くりはら・かげり）

1971年、東京生まれ。旅と鉄道、韓国を主なテーマとするフォトライター。小学生の頃から各地の鉄道を１人で乗り歩き、国鉄時代を直接知る最後の世代。1991年から鉄道関連書籍の編集に携わり、出版社勤務を経て2001年からフリー。多くの雑誌や書籍、ウェブに記事と写真を寄稿している。特に、東海道新幹線の車窓や沿線を10年以上にわたり観察しており、関連記事の執筆やメディア出演も多い。韓国に居住経験があり韓国旅行や韓国語に関する著作もある。主な著書に『東海道新幹線の車窓は、こんなに面白い！』（東洋経済新報社）、『国鉄・私鉄・ＪＲ　廃止駅の不思議と謎』（実業之日本社／伊原薫と共著）、『テツ語辞典』（誠文堂新光社／池田邦彦と共著）などがある。

※本書は書き下ろしオリジナルです。

JIPPI Compact

じっぴコンパクト新書　372

東海道《とうかいどう》新幹線《しんかんせん》沿線《えんせん》の不思議《ふしぎ》と謎《なぞ》

2020年2月10日　初版第１刷発行

著　者……………栗原 景
発行者……………岩野裕一
発行所……………株式会社実業之日本社
〒107-0062　東京都港区南青山5-4-30
CoSTUME NATIONAL Aoyama Complex 2F
電話（編集）03-6809-0452
（販売）03-6809-0495
https://www.j-n.co.jp/
印刷・製本…………大日本印刷株式会社

ISBN978-4-408-33906-1（第一趣味）